DE LA CENTRALISATION

DES

COURS D'ASSISES

AUX CHEFS-LIEUX

DES COURS D'APPEL

PAR

Édouard MARROT

GREFFIER EN CHEF DE LA COUR D'APPEL DE POITIERS

auteur des

NOTES ET TABLEAUX STATISTIQUES RELATIFS A UNE NOUVELLE ORGANISATION JUDICIAIRE

DEUXIÈME ÉDITION

!AVRIL 1873

PARIS

A LA LIBRAIRIE COSSE, MARCHAL ET BILLARD

LIBRAIRES DE LA COUR DE CASSATION

PLACE DAUPHINE, Nº 27

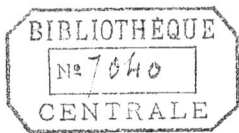
DE LA CENTRALISATION

DES

COURS D'ASSISES

AUX CHEFS-LIEUX

DES COURS D'APPEL

Une proposition de loi sur la centralisation du service criminel des Cours d'assises au chef-lieu de chaque Cour d'appel a été présentée le 4 juin 1872 à l'Assemblée nationale par MM. Bottieau et Boreau-Lajanadie. Cette proposition a été prise en considération et renvoyée à la Commission de réorganisation de la magistrature qui devra en étudier les avantages et les inconvénients avant de la soumettre définitivement aux délibérations de l'Assemblée.

L'idée de centraliser les Cours d'assises aux chefs-lieux des Cours d'appel n'est pas nouvelle et a été développée très-complétement déjà par un magistrat des plus distingués de la Cour d'Orléans, M. le conseiller Frémont, qui a fait paraître en 1861, dans la *Revue critique de législation et de jurisprudence*, un article dont nous ne saurions trop recommander la lecture à tous ceux qui s'intéressent à cette grave question, et dans lequel il a indiqué les nombreux avantages qui résulteraient de cette importante modification à notre système de législation criminelle.

M. Bascle de Lagrèze, conseiller à la Cour d'appel de Pau, auteur du meilleur ouvrage qui ait paru peut-être sur la réorganisation judiciaire dont il est un des promoteurs les plus autorisés, a publié dans le *Droit*, en mai 1872, un article très-remarquable où il démontre également la nécessité et l'urgence de centraliser les Cours d'assises aux chefs-lieux des Cours d'appel.

Dans notre ouvrage publié en janvier 1871 sous ce titre : *Notes et tableaux statistiques relatifs à une nouvelle organisation judiciaire*, nous avons fourni de nouveaux arguments à l'appui de la réforme sollicitée par MM. Frémont et Bascle de Lagrèze, et nos propositions se trouvent entièrement identiques à celles de

1

MM. Bottieau et Boreau-Lajanadie qui, de leur côté, ont résumé avec beaucoup de clarté et de précision toutes les raisons devant militer en faveur de cette réforme qui devrait s'accomplir au grand avantage de la justice et de l'humanité.

Les avantages de la centralisation des Cours d'assises aux chefs-lieux des Cours d'appel sont tellement évidents que l'on s'étonnera un jour qu'elle n'ait pas été plus tôt édictée. Elle permettrait, en effet, de *diminuer de moitié la durée de l'emprisonnement préventif des accusés ; elle atténuerait dans une proportion très-considérable les charges du jury dont elle faciliterait un recrutement meilleur, et elle ferait réaliser sur le budget de la justice des économies s'élevant à plus d'un million*.

D'autres avantages, non moins importants, résulteraient encore de la centralisation des Cours d'assises, conséquence naturelle et logique de la loi du 13 juin 1856, qui a rendu aux Cours d'appel la connaissance des appels des jugements correctionnels : car, ainsi que le font remarquer les honorables auteurs de la proposition de loi, les sessions devant avoir lieu deux fois par trimestre, *les procès qui gisent beaucoup dans l'opportunité de la poursuite comme les procès politiques et les procès de presse auraient plus d'à-propos. Les jurés, convoqués de plusieurs départements, présenteraient une plus grande garantie d'indépendance, de fermeté et d'impartialité, que les jurés trop voisins des lieux où ont été commis les crimes qui leur sont déférés ; — la répression serait plus uniforme ; la jurisprudence criminelle aurait plus d'unité ; la composition des Cours d'assises serait plus égale et plus éprouvée ; l'accusation et la défense jouiraient des mêmes garanties, eu égard au parallèle d'expérience entre les officiers du parquet et les avocats des chefs-lieux des Cours d'appel. En un mot, le service criminel serait mieux fait ; de plus, les projets de réduction dans le personnel des Cours et des Tribunaux ne seraient pas entravés, et on arriverait à pouvoir conserver les juridictions existantes, à la condition toutefois de réduire le nombre des magistrats qui les composent au chiffre rigoureusement nécessaire aux besoins du service.*

Mais ces avantages, quelque sérieux et importants qu'ils puissent être, disparaissent en quelque sorte devant *ce fait considérable, majeur*, que produirait l'adoption de la réforme proposée : ABRÉVIATION DE LA DURÉE DE L'EMPRISONNEMENT PRÉVENTIF DES ACCUSÉS, ET ATTÉNUATION DES CHARGES DU JURY.

Nous craindrions d'affaiblir en les développant les arguments présentés avec tant de force et d'évidente raison par MM. Bottieau et Boreau-Lajanadie. Nous ne pourrions d'ailleurs que reproduire en les paraphrasant les excellents articles de MM. Frémont et Bascle de Lagrèze, ou répéter ce que nous avons écrit nous-même. Nous nous bornerons donc à discuter très-sommairement chacune des objections présentées par l'honorable rapporteur de la 13ᵉ Commission d'initiative parlementaire, M. Salneuve, et nous nous attacherons surtout, comme nous l'avons déjà fait pour le projet de réorganisation judiciaire de M. Bérenger (de la Drôme), à établir le plus exactement possible, à l'aide de chiffres et de documents officiels, quels seraient les résultats matériels de la centralisation des Cours d'assises au double point de vue du service de la justice et des intérêts du Trésor.

1re Objection. Les réformes partielles présentent un écueil souvent inévitable, celui d'être disparates ou incomplètes; elles peuvent offrir l'inconvénient de détruire l'harmonie d'une législation dont le fonctionnement a été consacré par une expérience satisfaisante.

En cela, nous déclarons partager complétement l'opinion de l'honorable député du Puy-de-Dôme, et nous pensons qu'il serait très-préférable de renvoyer la discussion sur le mode de nomination des magistrats, jusqu'à ce que l'Assemblée ait pu être saisie d'un projet complet, embrassant la réorganisation judiciaire, non-seulement dans son ensemble, mais encore dans tous ses détails.

2e Objection. L'assimilation du service criminel à la juridiction correctionnelle au point de vue de sa concentration laisse à désirer spécialement sous le rapport des procédés qui diffèrent beaucoup : au lieu de l'appareil solennel de la justice criminelle, les appels de police correctionnelle sont jugés plus simplement et même le plus ordinairement sans autre instruction orale qu'un nouvel interrogatoire du prévenu, après le rapport d'un conseiller désigné par le président de la chambre correctionnelle. Le pouvoir discrétionnaire des présidents d'assises, pouvoir dont l'exercice, souvent nécessaire, naît spontanément et impérieusement au cours des débats, et dont l'apanage n'appartient pas aux présidents des chambres correctionnelles des Cours d'appel, serait exposé à des entraves pouvant résulter des trop grandes distances.

Nous ne chercherons nullement à nier la dissemblance qui existe entre le service criminel et la juridiction correctionnelle ; mais cette dissemblance, qui est incontestable, ne constitue pas à elle seule, ni en quoi que ce soit, une objection contre la proposition de loi de MM. Botticau et Boreau-Lajanadie ; et quant à l'exercice du pouvoir discrétionnaire du président d'assises qui serait exposé à des entraves pouvant résulter des trop longues distances, il est de toute évidence qu'aujourd'hui, avec l'aide de l'électricité et de la vapeur, ce pouvoir serait beaucoup moins entravé qu'il ne l'eût été en 1810 dans le cas où il serait nécessaire de requérir d'urgence, même à l'extrémité du ressort d'une Cour d'appel, une mesure d'instruction ou une comparution immédiate de nouveaux témoins.

3e Objection. Les débats auraient quelquefois beaucoup à souffrir de l'idiome de certains témoins appelés à déposer devant les jurés d'une zone différente pour le langage particulier à certaines contrées, ce qui nécessiterait l'emploi trop fréquent d'interprètes qui ne rendent jamais avec une parfaite exactitude les nuances de la parole populaire.

Les inconvénients signalés n'auraient à se produire que dans des cas bien rares et devenus plus rares hélas ! par la perte de l'Alsace et de la Lorraine. Dans le très-grand nombre des départements, le français est la langue habituelle ou tout au moins parfaitement comprise de toutes les classes de la population. L'emploi d'un interprète est d'ailleurs, dès à présent, presque toujours nécessaire aux Cours d'assises situées au centre même des pays où le patois est la langue usuelle des habitants, car il est très-difficile d'admettre qu'à ces Cours d'assises, *tous les jurés, tous les juges, tous les officiers du Parquet*, souvent originaires de départements très-éloignés de celui où ils exercent leurs fonctions, comprennent suffisamment le langage de quelques rares accusés ou témoins qui ne parlent pas le français. La centralisation des Cours d'assises aux chefs-lieux des Cours d'appel ne changerait donc absolument rien à ce qui a lieu actuellement, et, au surplus, le temps n'est pas éloigné où, par suite des progrès de l'enseignement primaire dans toutes les parties de la France, les causes qui motivent cette objection auront complétement disparu.

4e Objection. L'accroissement de prestige pour nos grandes compagnies judiciaires est une considération peu en harmonie avec l'état de notre société moderne qui repousse comme étant une réminiscence surannée le renouvellement même uniquement apparent de la splendeur et de la souveraineté propres aux anciens parlements.

La centralisation du service criminel au chef-lieu des Cours d'appel aurait précisément pour résultat de faire disparaître ce qui pourrait, jusqu'à un certain point, être considéré comme une réminiscence surannée des distinctions honorifiques propres aux anciens parlements, et dont jouissent seuls les présidents des assises des départements autres que celui où siége la Cour d'appel. La centralisation du service criminel n'ajouterait donc rien au prestige des Cours d'appel, et aurait au contraire pour effet de diminuer les prérogatives et les avantages pécuniaires de quelques-uns de leurs membres.

5e Objection. La rapidité excessive de l'action de la justice dans son dénouement n'en est pas toujours la sûreté. L'assoupissement des passions surexcitées même par les crimes de droit commun, mais surtout par les délits politiques, peut affaiblir parfois la répression, mais garantit davantage l'impartialité. La justice doit certainement être ferme; mais on ne saurait méconnaître qu'elle consiste, suivant le souffle humanitaire de la loi morale, moins dans la sévérité que dans la vérité qui en est la consécration incontestée et qui risquerait d'être voilée par une précipitation outrée.

Nous ne pouvons qu'applaudir à ces déclarations; mais nous y cherchons vainement encore une objection sérieuse contre le projet de loi de MM. Bottieau et Boreau-Lajanadie. La réforme dont ils sont les promoteurs n'aurait certainement pas pour conséquence inévitable de hâter d'une manière abusive l'instruction des affaires criminelles, et nous sommes convaincu que les Chambres d'accusation ne seraient à l'avenir, comme elles le sont à présent, saisies des affaires qui leur sont déférées, que lorsque tous les moyens d'information auraient été épuisés. Cette réforme aurait seulement pour résultat assuré de hâter le jugement des affaires criminelles sans rien changer au mode actuel d'instruction, et de diminuer, de moitié au moins, la durée de l'emprisonnement préventif des accusés. Il existe donc un intérêt très-considérable à ce que la répression suive de près le crime : car, dans la plupart des affaires où il y a aveu ou flagrant délit, l'instruction est ordinairement complète au bout de quelques jours. Si l'accusé est coupable, pourquoi retarder une expiation qui doit satisfaire la conscience publique ; et s'il doit être acquitté, pourquoi prolonger inutilement sa détention ? On peut ajouter encore que plus le jugement des crimes ou des délits est rapproché du temps où ils ont été commis, plus les souvenirs des témoins sont précis et peuvent ainsi venir plus facilement en aide à la justice.

6ᵉ Objection. Il est de principe en droit public que nul ne doit être distrait de ses juges naturels. Ce principe est celui de l'institution du jury qui signifie jugement par ses pairs, l'accusé pouvant être ainsi, mieux apprécié dans tout ce qui le concerne. Il est des variétés de crimes qui sont propres à telle ou telle contrée, qui revêtent par suite un caractère particulier et qui réclament alors un examen local, quelque uniforme que soit dans notre législation la pénalité relative, mais soumise à une échelle de proportion et modifiable par la faculté d'admettre des circonstances atténuantes. Lorsque la crainte d'une prévention locale devient sérieuse, la loi n'y a-t-elle pas pourvu par un recours à la Cour de cassation pour faire renvoyer l'affaire devant une autre Cour d'assises pour cause de suspicion légitime ?

Il serait bien désirable que l'on pût s'entendre une fois pour toutes sur la signification de ce que l'on appelle *jugement par ses pairs*. Entend-on par cette dénomination être concitoyens ? S'il en était ainsi, l'objection serait jusqu'à un certain point fondée ; mais, *en fait*, les accusés ne comparaissent presque jamais devant leurs concitoyens, et sont jugés par des personnes qui, bien qu'habitant le même département, leur sont aussi étrangères que si elles en étaient éloignées de plusieurs centaines de lieues. Si l'on consulte le compte-rendu de la justice criminelle, l'on y verra que *près du tiers* des accusés n'appartient même pas par leur naissance ou leur domicile au département où ils ont commis le crime ou le délit qui les rendent justiciables de la Cour d'assises.

Ainsi, l'on compte parmi les accusés des années 1867, 1868, 1869 et 1870 :

	1867	**1868**	**1869**	**1870**
	sur 4607 *accusés*	4528 *acc.*	4189 *acc.*	3501 *acc.*
Étrangers à la France	209	202	229	196
Sans aucun domicile fixe . . .	272	291	278	266
Nés et domiciliés hors du départ.	181	131	148	116
Domiciliés dans le département et nés ailleurs	1123	1023	967	795
Nés dans le département, mais domiciliés ailleurs	38	47	41	24
Totaux	1823	1694	1663	1397

Le nombre total des accusés jugés hors du département auquel ils appartiennent par leur naissance ou leur domicile

s'élève pour	1867	1868	1869	1870
à	1517	1413	1364	985

Les jurés qui ont jugé cette nombreuse catégorie d'accusés ne les connaissaient donc pas et ne pouvaient par conséquent être dirigés dans leur verdict par ces considérations et ces appréciations personnelles qui peuvent garantir soit à la société, soit aux accusés, une bonne et exacte justice. Nous pouvons ajouter que le plus grand nombre des accusés *nés* et *domiciliés* dans le département, sont complétement inconnus de la plupart des jurés, qui, étant pris dans toutes les parties du département, connaissent bien rarement les individus déférés à leur juridiction. Ainsi la réforme proposée n'apporterait, le plus souvent, aucun changement à ce qui existe aujourd'hui. Mais en serait-il autrement, les accusés seraient-ils connus personnellement de tous les jurés : nous y verrions un inconvénient des plus graves et un danger sérieux, et nous dirons, avec M. Bascle de Lagrèze, que les jurés trop voisins du lieu où le crime a été commis peuvent avoir connu, par eux-mêmes ou par leurs amis, l'accusé, avoir sur son compte des impressions bonnes ou mauvaises, et se laisser aller à des préventions en croyant n'obéir qu'à un sentiment de justice et d'humanité. Il est plus facile d'aboutir jusqu'à eux, et de chercher à les influencer. En matière de presse surtout, dans les petites localités où divers partis sont en lutte, il est difficile de se soustraire à toute impression étrangère aux débats. Les meilleurs jurés sont évidemment ceux qui ont le moins de rapports avec les amis ou les ennemis de l'accusé. On trouverait donc une grande garantie d'impartialité à prendre des jurés dans des départements différents. L'espace qui sépare les chefs-lieux des Cours d'appel des cantons les plus éloignés de leur ressort se franchit maintenant avec plus de facilité et de promptitude, qu'autrefois la distance qui existe entre les chefs-lieux d'arrondissement et les chefs-lieux de département, et on est en droit d'affirmer que tous les accusés d'un même ressort, jugés au chef-lieu de la Cour d'appel, ne seraient pas plus éloignés de leurs juges et de leurs foyers, qu'ils ne l'eussent été il y a cinquante ans, et avant la révolution introduite par les chemins de fer dans le mode de voyager.

7e **Objection**. Il est aussi de principe traditionnel en matière pénale que la justice ne doit pas être trop éloignée des justiciables, parce qu'il est utile que l'expiation soit rapprochée des lieux où le crime a été commis : autrement l'effet moral des décisions judiciaires est amoindri. Pour une saine appréciation des choses, il ne faut pas oublier que notre législation pénale ne conduit pas seulement à juger le coupable. La loi a voulu aussi intimider les consciences dont le sens moral aurait besoin d'être raffermi : on conçoit, alors, que la justice proche, la justice locale tire une grande efficacité de l'exemplarité qui impose, non-seulement par le spectacle solennel des débats, mais aussi par la divulgation des impressions dont la communication dans un rayon donné est d'autant plus facile que toutes les relations départementales convergent en général au chef-lieu des Cours d'assises, et s'en écartent pour se répandre naturellement sur tous les points du département et particulièrement sur les points intéressant de plus près l'influence salutaire de la vindicte publique.

Il est difficile de présenter l'objection qui précède, avec plus de force et de solidité que ne l'a fait l'honorable rapporteur. Cette objection est considérable et soulève assurément une grave question ; mais, ainsi que le fait remarquer M. Frémont, elle tourne en faveur du système de la centralisation des Cours d'assises aux chefs-lieux des Cours d'appel. Il est, en effet, dangereux que les débats d'une grave affaire se déroulent trop près de ceux qui ont intérêt à la condamnation ou à l'acquittement d'un accusé, car les mauvaises passions s'agitent alors en sens divers, et la justice n'a plus ce calme et cette liberté qui ne devraient jamais l'abandonner. Il n'est pas de magistrat qui, dans le cours de sa carrière judiciaire, n'ait eu l'occasion de constater combien cette assertion est fondée. Le législateur, tout le premier, a été effrayé d'un pareil danger, puisqu'il a autorisé le procureur général et même la partie intéressée à demander le renvoi de l'affaire devant une autre Cour d'assises, pour cause de suspicion légitime. (Art. 542 du Code d'instruction criminelle.)

Nous sommes loin de méconnaître les avantages de l'exemplarité, et nous comprenons parfaitement que lorsque le jugement d'un accusé a lieu devant et par ses concitoyens, son humiliation est plus grande et ajoute encore à l'expiation de son crime. Le spectacle solennel des débats apprend, en outre, à la population que l'on ne transgresse pas impunément les lois de son pays, et que le châtiment suit de près la faute. Mais, lorsque l'on considère *qu'en fait* cette exemplarité si salutaire ne s'applique qu'à un très-petit nombre d'accusés, et seulement à ceux qui habitaient la ville où siégent les assises ; que le plus grand nombre des accusés n'est jugé qu'en présence des seuls témoins de l'affaire, et que le public habituel des Cours d'assises est loin de représenter la partie saine de la population, l'objection perd beaucoup de sa force. On sait d'ailleurs qu'une publicité immense est toujours donnée par la presse aux faits délictueux et aux condamnations qu'ils entraînent, et qu'il se trouve partout des journaux qui viennent publier jour par jour, heure par heure, et le crime et le châtiment ; de plus, pour toute condamnation à des peines afflictives et infamantes, un extrait spécial, est affiché à la porte de la demeure du condamné, apprend à ses concitoyens la peine qui l'a frappé, et les avertit ainsi du châtiment qui attend ceux qui, comme lui, deviendraient criminels.

8e Objection. Des appropriations locales ont été faites, souvent à grands frais, pour l'installation des Cours d'assises départementales. Les habitudes sont prises pour tous les éléments qui concourent au service criminel. Ce serait changer de milieu, les jurés, les témoins, les experts ; ce serait les éloigner davantage de leurs familles et du centre de tous leurs intérêts. Le déplacement au loin serait pour tous une charge plus lourde sous tous les rapports.

Il est un principe généralement admis, qui veut que les intérêts particuliers s'effacent devant l'intérêt général ; or, les avantages de la centralisation des Cours d'assises aux chefs-lieux des Cours d'appel sont si considérables et si évidents, qu'il nous paraît difficile d'admettre que les propositions de MM. Bottieau et Boreau-Lajanadie ne soient pas adoptées par l'Assemblée nationale qui, sans s'arrêter à quelques objections d'une importance très-secondaire, n'hésitera pas à voter *l'abréviation de l'emprisonnement préventif des accusés, l'atténuation des charges du jury*, et *son meilleur recrutement*, et *beaucoup d'autres améliorations non moins considérables, qui seraient apportées au service de la juridiction criminelle.*

Eh bien ! s'il en est ainsi, les salles actuellement destinées aux Cours d'assises recevront une autre destination ; et quant à la perturbation occasionnée par le changement d'habitudes et de milieu pour les jurés, les témoins, les experts, etc., nous croyons que cette perturbation serait toute passagère, et que l'on ne doit pas s'effrayer outre mesure de l'éloignement des nouvelles Cours d'assises et des inconvénients qui pourraient en résulter : car, nous ne saurions trop le répéter, la vapeur et l'électricité ont supprimé en quelque sorte la distance , et il faut savoir tenir compte des profondes modifications apportées par ces deux merveilleuses découvertes de la science moderne, dans les besoins et les habitudes des populations. N'est-il donc pas encore de toute évidence que le déplacement au loin de toutes les personnes qui concourent au service des Cours d'assises serait, *aujourd'hui*, beaucoup moins onéreux pour elles en temps et en argent, qu'il ne l'était il y a trente ou quarante ans pour aller d'un arrondissement éloigné seulement de quatre ou cinq myriamètres, au chef-lieu du département ? Dès lors cette objection ne peut avoir maintenant la même force qu'elle aurait eue autrefois et au temps où les voyages étaient pour tous coûteux et difficiles.

La 9ᵉ objection est complexe, et est relative non-seulement à *l'appréciation des économies* qui, d'après MM. Bottieau et Boreau-Lajanadie, résulteraient de la réforme qu'ils proposent, mais encore à *la diminution du personnel judiciaire*, à la *composition du jury* et à *la révision du tarif pour la taxe des témoins.*

Nous nous proposons de traiter avec soin toutes ces questions, dont l'étude est le but principal de cet ouvrage, et d'indiquer avec les chiffres et les documents officiels quels seraient les résultats matériels de la centralisation des Cours d'assises aux chefs-lieux des Cours d'appel.

Nous allons donc grouper et discuter successivement toutes les propositions contenues dans cette neuvième objection qui est la dernière de toutes celles qui ont été formulées dans le rapport de l'honorable M. Salneuve.

Nous lisons à la fin de ce rapport :

« Si maintenant on envisage le côté le plus matériel de la proposition, le calcul des économies
« à réaliser est-il bien exact? La perspective de réduction des frais de déplacement pour les
« jurés, les témoins, les experts, les accusés et les gendarmes pourrait bien être illusoire; les
« voies ferrées ne sont pas assez généralisées dans tous les sens pour permettre de songer à des
« tarifs spéciaux qui n'ont pas été prévus dans les cahiers des charges en exercice pour les
« diverses compagnies des chemins de fer. Au surplus, les conditions de cherté croissante de la
« vie matérielle autoriseraient elles une modification au tarif de 1811, pour les allocations qu'il
« consacre ? Il importe de retenir que les grosses dépenses de la justice proviennent princi-
« palement des taxes des témoins qui coûtent d'autant plus qu'ils viennent de loin.

« Les économies alléguées sont donc tout au moins problématiques. »

Cette objection est une des plus considérables qui, à toutes les époques, aient été faites contre la centralisation des Cours d'assises aux chefs-lieux des Cours d'appel ; et les approbateurs de cette réforme s'inclinaient constamment, sans examen toutefois, devant les assertions de leurs contradicteurs qui prétendaient qu'elle imposerait au trésor un surcroît de dépense *de plusieurs millions*, par suite des taxes sextuples ou décuples peut-être, qui seraient allouées aux témoins, jurés, experts, etc., etc., et de l'augmentation très-considérable des autres frais de justice qui en résulterait.

Nous avons eu la curiosité de rechercher, à l'aide des documents officiels mis à notre disposition et dont la longue pratique de nos fonctions nous rendait le contrôle facile, quel pourrait être en définitive, *et avec le tarif actuel*, l'excédant de dépense devant résulter de la centralisation des Cours d'assises, afin de savoir si cet excédant serait ou non supérieur aux économies qui, d'un autre côté, seraient la conséquence nécessaire de cette centralisation, et qui s'élèveraient à une somme que l'on ne peut pas évaluer à moins d'un million.

Voici le résultat de nos patientes et laborieuses investigations qui ont nécessité un travail très-considérable, mais qui nous permettent de pouvoir préciser, à quelques milliers de francs près, quel serait, avec le tarif actuel, le surcroît de dépense occasionné par le service des nouvelles Cours d'assises.

Nous avons tout d'abord recherché le nombre des affaires criminelles dont le jugement nécessiterait une augmentation plus ou moins importante de frais de justice, et pour cela nous avons retranché du nombre total des affaires soumises chaque année au jury toutes celles qui sont actuellement jugées aux chefs-lieux des Cours d'appel et dont la somme des frais ne serait pas changée.

Le tableau suivant, extrait du compte-rendu de la justice criminelle pour les années 1867, 1868, 1869 et 1870, nous fournit à ce sujet les renseignements les plus exacts :

TABLEAU

DES AFFAIRES JUGÉES PAR LES COURS D'ASSISES SIÉGEANT AUX CHEFS-LIEUX DES COURS D'APPEL,
PENDANT LES ANNÉES 1867, 1868, 1869 ET 1870.

DÉSIGNATION des COURS D'ASSISES	1867	1868	1869	1870
Agen	19	20	28	34
Aix	111	73	70	87
Amiens	37	54	59	42
Angers	38	41	34	35
Bastia	52	55	43	38
Besançon	24	23	26	18
Bordeaux	79	96	88	94
Bourges	9	46	9	8
Caen	59	90	82	64
Chambéry	22	24	11	9
Dijon	40	42	54	35
Douai	62	60	64	49
Grenoble	34	28	27	30
Limoges	33	27	18	23
Lyon	62	49	65	61
Montpellier	45	38	23	42
Nancy	36	41	48	27
Nîmes	57	42	35	45
Orléans	28	29	29	18
Paris	524	485	425	302
Pau	19	18	21	20
Poitiers	16	24	17	25
Rennes	52	49	62	51
Riom	58	71	29	28
Rouen	102	120	88	87
Toulouse	45	32	49	60
Colmar	54	54	59	»
Metz	33	19	33	»
TOTAUX. . .	1750	1720	1593	1332

Le nombre total des affaires déférées aux Cours d'assises a été :

En	1867	1868	1869	1870
De	3694	3613	3397	2796
A défalquer les affaires jugées aux chefs-lieux des Cours d'Appel	1750	1720	1593	1332
RESTENT :	1944 aff.	1893	1804	1464

Mais on doit retrancher encore par année plus de trois cents affaires venant de 51 arrondissements au moins, qui appartiennent à des départements autres que ceux où siégent les Cours d'appel et se trouvent cependant, en totalité *ou en partie*, plus rapprochés, ou tout au moins aussi rapprochés des chefs-lieux de ces Cours que du chef-lieu de leur département.

Ces arrondissements, ainsi que l'on peut s'en assurer en consultant la carte officielle des postes de Saganzan, sont ceux d'*Arras*, *Beauvais* (pour partie), *Compiègne*, *Louviers*, *les Andelys*, *Pont-Audemer*, *Argentan*, *Domfront*, *Ploërmel*, *Dinan*, *Loudéac*, *Châteaubriant*, *Saint-Nazaire*, *Bressuire*, *Parthenay*, *Melle*, *Dax*, *Saint-Sever*, *Lectoure*, *Condom*, *Lavaur*, *Gaillac*, *Saint-Affrique*, *Largentière*, *Florac*, *Brignoles*, *Toulon*, *Die*, *Trévoux*, *Roanne*, *Gannat*, *Brioude*, *Murat*, *Saint-Flour*, *Bourganeuf*, *Issoudun*, *Vendôme*, *Blois* (pour partie), *Romorantin*, *Châlon sur-Saône*, *Langres*, *Gray*, *Dôle*, *Saint-Claude*, *Neufchâteau*, *Mirecourt*, *Étampes*, *Pontoise*, *Corbeil*, *la Flèche*, *Château-Gontier*.

Et il en existe bien d'autres encore pour lesquels la taxe des témoins qui seraient entendus aux Cours d'assises siégeant exclusivement aux chefs-lieux des Cours d'appel ne recevrait que de très-légères modifications.

Près de la moitié des affaires criminelles se jugent donc, dès à présent, aux chefs-lieux des Cours d'appel. Et l'on ne doit pas évaluer à plus de 14 à 1500 par année le nombre des affaires dans lesquelles la taxe des témoins serait, dans des proportions très-diverses, supérieure à celle qui leur est allouée aujourd'hui.

Il s'agit donc de déterminer quel serait, avec *le tarif de 1813, actuellement en vigueur,* l'importance de cette augmentation des frais de justice criminelle, et de voir si elle n'absorbe pas à elle seule les économies qui pourraient être réalisées par suite de l'adoption du projet de loi de MM. Bottieau et Boreau-Lajanadie.

Pour rendre notre démonstration aussi complète et aussi concluante que possible, nous avons précisément choisi entre tous les ressorts des Cours d'appel celui dont l'étendue et la situation toute particulière des départements qui le composent nécessiteraient pour les témoins qui seraient entendus aux nouvelles Cours d'assises, une augmentation de frais plus considérable que partout ailleurs.

Le ressort de Poitiers, pris pour base de nos investigations, est, après ceux de Rennes et de Paris, le plus vaste qu'il y ait en France, et les points extrêmes de ce ressort, qui s'étend de la Gironde à la Loire, sont éloignés de plus de vingt myriamètres du chef-lieu du siége.

Nous ferons remarquer en outre que pendant l'année 1871, prise également pour base de nos calculs, la moyenne du nombre des témoins entendus aux Cours d'assises et de leurs taxes, a été, dans ce ressort, très-supérieure à celle des années précédentes.

Les moyennes que nous allons établir sont donc plus élevées qu'elles ne le seraient pour tous les autres ressorts des Cours d'appel, et qu'elles ne le seraient le plus ordinairement pour le ressort même de Poitiers.

Le tableau suivant fournit, avec la plus rigoureuse exactitude, toutes les indications pouvant préciser, en ce qui concerne la taxe des témoins, l'augmentation des frais de justice criminelle, qui résulterait de la centralisation des Cours d'assises du ressort de la Cour d'appel de Poitiers au chef-lieu de cette Cour.

NUMÉROS D'ORDRE	DÉSIGNATION des affaires jugées en 1871 par les Cours d'assises du ressort de la Cour d'appel de Poitiers autres que celle du chef-lieu du siége.	QUALIFICATIONS	NOMBRE des témoins assignés à la requête du ministère public.	TAXE des témoins aux chefs-lieux actuels des cours d'assises	TAXE des mêmes témoins au chef-lieu de la Cour d'appel.	OBSERVATIONS
	CHARENTE-INFÉRIEURE					
1	Chagnaud	vols qualifiés	5	78	245,25	
2	Gandoit	meurtre	12	201,75	378	
3	Bouchon	meurtre	7	42	315	
4	Canis	vols qualifiés	3	3	117	
5	fe Lagorre	infanticide	6	37,50	271,50	
6	Allaire	assassinat	14	519	1500,75	
7	Quéron	faux témoignage	60	274,25	2123,45	
8	fo Simon	infanticide	5	64,75	295	
9	Mégrin	vols qualifiés	13	214,50	497,25	
10	Danet	coups et blessures	6	117,75	271,50	
11	Passereau	meurtre	9	246	490,50	
12	Bauré	incendie	12	72	540	
13	Chaout	assassinat	14	207	360,70	
14	Collardeau	attentat à la pudeur	7	61,50	221,25	
15	Bequet	incendie	20	296,25	651	
16	Limousin	meurtre	6	115,50	194,25	
17	Boulais	attentat à la pudeur	5	105	202,50	
18	Chardavoine	incendie	7	73,50	357	
19	Dubois	attentat à la pudeur	11	82,50	338,25	
20	Berlureau	coups à un ascendant	6	162	333	
21	Mallet	attentat à la pudeur	5	28,50	492,75	
22	Moreau	attentat à la pudeur	14	107,50	617,25	
23	Ravarit	attentat à la pudeur	9	90,75	274,50	
24	Pinaudeau	vols qualifiés	4	27,75	162	
25	Brin	meurtre	14	312	534,75	
26	Arnaud	assassinat	27	199,50	937,75	
27	Guyon	attentat à la pudeur	31	723	1393,75	
28	Sibille	vols qualifiés	11	9,25	429	
29	Levreau	vols qualifiés	3	8,50	123	
30	Choumil	assassinat	10	130,50	486,75	
31	Ruffin	vols qualifiés	8	81	314,25	
32	Moreau	attentat à la pudeur	12	54	540	
33	Bouc	faux témoignage	10	41,50	358,75	
34	Blanchard	attentat à la pudeur	22	17,25	711,50	
35	Ve Tillaud	infanticide	10	69	316,50	
36	Benech	vols qualifiés	8	84	408	
37	Larrique	vols qualifiés	5	15	210	
38	Guillemot	vols qualifiés	5	52,50	198,75	
39	Ve Boucq	incendie	5	150	187,50	
	DEUX-SÈVRES					
40	Jincheleau	faux	3	31,50	60,75	
41	Laurent	tentative d'assassinat	10	25,50	234	
42	Brunet	attentats à la pudeur	6	210	117	
43	Nestor	vols qualifiés	3	76,50	60	
44	Chiron	vols qualifiés	15	41,50	326,25	
45	Monjoulou	excitation à la haine et au mépris des citoyens	5	115,50	97,50	
			513	5703,75	19022,40	

NUMÉROS D'ORDRE	DÉSIGNATION des affaires jugées en 1871 par les Cours d'assises du ressort de la Cour d'appel de Poitiers autres que celle du chef-lieu du siége.	QUALIFICATIONS	NOMBRE des témoins assignés à la requête du ministère public.	TAXE des témoins aux chefs-lieux actuels des Cour d'assises	TAXE des mêmes témoins au chef-lieu de la Cour d'appel.	OBSERVATIONS
		REPORT . .	513	5705,75	19022,40	
46	Rousseau	coups à son père légitime	7	81	131	
47	Fournier	vols qualifiés	5	41,25	71,25	
48	Faucher et autres	pillage de grains	29	461,75	445,50	
49	Ve Sireau	infanticide	10	204	251,75	
50	Toublanc	meurtre	8	69,75	247	
51	Meunier	vols qualifiés	2	48	51	
52	Jarousseau	vols qualifiés	5	3,75	108,75	
53	Favreau	attentat à la pudeur	7	152,50	110,50	
54	Penochet	attentat à la pudeur	9	58,25	189,75	
55	Delacroix	attentat à la pudeur	8	237,75	497,25	
56	Bily	viol	4	100,25	414,25	
57	fe Debœuf	infanticide	4	82,25	103	
	VENDÉE					
58	fe Ribailler	infanticide	5	93,50	135	
59	Pertuzé	abus de confiance	146	754,50	7270	
60	Fort	vols qualifiés	13	43	398,50	
61	Maingueneau	coups et blessures	45	276,50	434	
62	Vinet	vols qualifiés	8	118	323,25	
63	fe Delbos	vols qualifiés	4	42	216	
64	Lumeau	vols qualifiés	10	43,25	434,25	
65	Delaire	vols qualifiés	8	46,50	405,75	
66	Danieau	vols qualifiés	9	95	540	
67	Lamant	vols qualifiés	6	94,50	256,50	
68	Bonnet	vols qualifiés	3	47,25	96,75	
69	fe Reverseau	infanticide	8	69	313,50	
70	Ribaut	vols qualifiés	2	102	133,25	
71	Button	attentat à la pudeur	11	8,75	495	
72	Pillon	attentat à la pudeur	11	156,75	330	
73	fe Soullard	infanticide	4	70,50	111	
74	Gouin	vols qualifiés	5	84,75	143,25	
75	fe Chevalleau	infanticide	8	111	502,50	
76	Rouilcau	vols qualifiés	10	114,25	555,75	
77	Huvelin	coups et blessures	24	282,75	966	
78	Moniez	détournement de deniers publics	10	39,25	412,50	
			931	9999,25	35716,15	

Moyenne du nombre des témoins par affaire : 11,93.

Moyenne de l'augmentation des frais de justice par affaire : 329 fr. 70 c.

D'après les indications de ce tableau, l'excédant de dépense occasionné par l'audition des témoins au chef-lieu de la Cour d'appel serait, dans le ressort de Poitiers, de 329 francs 70 centimes par affaire ; mais ce chiffre est très-évidemment de beaucoup supérieur à ce qu'il serait en réalité, si l'on établissait la moyenne des dix dernières années.

La moyenne du nombre des témoins entendus dans ce ressort, en 1871, se trouve en effet dépasser, dans une assez forte proportion, la moyenne générale donnée par le compte-rendu de la justice criminelle, *qui est de 9 par affaire*, et ce résultat est exclusivement produit par le nombre très-considérable de témoins entendus dans *une seule affaire*, l'affaire Pertuzé, qui comprend à elle seule 146 témoins, et aurait nécessité une dépense de 7,270 francs.

Sans cette affaire *exceptionnelle*, l'excédant des frais de justice eût été seulement de 239 francs 55 centimes par affaire, et nous pouvons affirmer que la moyenne des dix dernières années ne s'élèverait pas même à ce chiffre dans le ressort de Poitiers.

Pour justifier cette affirmation, et dans le but de fournir de nouveaux éléments d'information à l'étude de la centralisation des Cours d'assises aux chefs-lieux des Cours d'appel, nous avons fait, pour les affaires criminelles soumises au jury, dans le ressort de Poitiers, à la session du 3ᵉ trimestre de 1872, le même travail que celui que nous avons déjà fait pour l'année 1871 tout entière, et le tableau suivant indique également avec une rigoureuse exactitude quel serait l'excédant de la taxe des témoins qui auraient été entendus au chef-lieu de ce ressort.

Nᵒˢ D'ORDRE	DÉSIGNATION des affaires jugées au 3ᵉ trimestre de 1872 par les Cours d'assises du ressort de la Cour d'appel de Poitiers autres que celle du chef-lieu du siége.	QUALIFICATIONS	NOMBRE des témoins assignés à la requête du ministère public.	TAXE des témoins aux chefs-lieux actuels des Cours d'assises	TAXE des mêmes témoins au chef-lieu de la Cour d'appel.	OBSERVATIONS
	CHARENTE-INFÉRIEURE					
1	Foucher	attentat à la pudeur	9	54,50	318,75	
2	Seguin	viol	4	91	195	
3	Vandier	vols qualifiés	8	211,50	190,50	
4	Chauvet	vols qualifiés	3	76,50	139,50	
5	Chartier	attentat à la pudeur	5	84,25	231,50	
6	Bœuf	attentat à la pudeur	5	144	198,50	
7	Camoil	attentat à la pudeur	5	20	225	
8	Boisson	attentat à la pudeur	5	42,25	218,25	
9	Birot	faux	10	196,25	513	
10	Darton	abus de confiance qualifié	13	270	614,50	
11	Arnaudin	meurtre	12	487	539	
12	Ouvrard	vols qualifiés	6	90	279	
13	Focks	faux et abus de blanc seing	18	521,50	762,25	
14	Coculet	attentat à la pudeur	9	166	443,50	
15	Gougnard	attentat à la pudeur	10	229,50	418,50	
16	Véron	assassinat	»	»	»	Cette affaire a été renvoyée à une autre session.
17	Vignolles	délit de presse	»	»	»	Tous les témoins de cette affaire ont été payés par les accusés et par les parties civiles.
	DEUX-SÈVRES					
18	Klein	vols qualifiés	6	35,25	103,50	
19	fe Aguillon	vols qualifiés	21	299,25	345	
20	Bougdier	attentat à la pudeur	14	338,50	237	
21	Marié	banqueroute frauduleuse	14	307,50	244,50	
			177	3364,75	6188,75	

Nᵒˢ D'ORDRE	DÉSIGNATION des affaires jugées au 3ᵉ trimestre de 1872 par les Cours d'assises du ressort de la Cour d'appel de Poitiers autres que celle du chef-lieu du siége.	QUALIFICATIONS	NOMBRE des témoins assignés à la requête du ministère public	TAXE des témoins aux chefs-lieux actuels des Cours d'assises	TAXE des mêmes témoins au chef-lieu de la Cour d'appel.	OBSERVATIONS
			177	3364,75	6488,75	
22	Corbin	excitation à la haine et au mépris des citoyens	10	25,25	210	
23	Charrier	tentative de viol	6	174,25	123,75	
24	Maichin	abus de confiance qualifié	7	96,25	203,75	
25	Grégeault	meurtre	8	114	467,50	
26	Merceron	vols qualifiés	6	176,25	134,25	
	VENDÉE					
27	Charpentier	attentat à la pudeur	12	62	522,75	
28	Beneteau	abus de confiance	12	118	557,25	
29	Degambe	attentat à la pudeur	4	18	186,75	
30	Simon	abus de confiance qualifié	10	101,50	420,75	
31	Mairand	tentative d'assassinat	13	178,50	678,75	
32	Chauvin	vols qualifiés	3	30	150,75	
33	Dupont	vols qualifiés	5	63,75	287,25	
34	Brard	attentat à la pudeur	11	158,75	477,50	(approximatif) Le dossier étant à la cour de cassation.
35	Brisseteau	abus de confiance qualifié	66	660	3000	
			350	5341,25	13306,75	

Moyenne du nombre de témoins, par affaire : 10.

Moyenne de l'augmentation en frais de justice, par affaire : 227 fr., 58 c.

Ainsi donc, bien que, pendant ce trimestre, la moyenne du nombre des témoins ait été dépassée (10 au lieu de 9), et qu'une seule affaire ait exigé l'audition de 66 témoins qui auraient coûté 3,000 francs, l'augmentation des frais de justice ne s'élève qu'à 227 francs 58 centimes par affaire, et serait, pour d'autres sessions moins chargées, certainement inférieure à ce chiffre.

S'il en est ainsi, on peut déjà se rendre compte de l'augmentation des frais de justice criminelle qui résulterait de la centralisation des Cours d'assises, car on devra remarquer que l'augmentation ne porterait que sur 14 ou 1500 affaires au plus, et s'élèverait pour toute la France, à raison de 200 ou 250 francs par affaire (chiffre le plus élevé qu'elle puisse atteindre), à environ 300 ou 350,000 francs.

Mais il est de toute évidence que cette somme dépasse de plus de moitié celle qui, en définitive, serait nécessaire, et nous allons fournir la preuve la plus complète de cette allégation.

L'augmentation des frais de justice serait beaucoup moins élevée dans les autres ressorts des Cours d'appel que dans celui de Poitiers, non-seulement parce qu'ils ont (à l'exception de deux) une étendue moins considérable, mais encore parce que les départements qui les composent *sont presque tous limitrophes de celui du siége de ces Cours.*

Dans le ressort de Poitiers, deux départements très-importants (*Charente-Inférieure* et *Vendée*) se trouvent complétement séparés du chef-lieu du siége par un département intermédiaire (les *Deux-Sèvres*), et cette situation tout exceptionnelle rend évidemment la taxe des témoins qui seraient appelés au chef-lieu de la Cour, plus coûteuse dans ce ressort que dans aucun autre.

Il n'y a en effet que neuf départements qui ne soient pas adjacents à ceux du siége des Cours d'appel dont ils dépendent : quatre de ces départements se trouvent dans le ressort de Paris ; un (*le Finistère*) dans celui de Rennes ; un autre (*les Ardennes*) dans celui de Nancy ; un autre encore (*les Alpes-Maritimes*) dans celui d'Aix ; et enfin *la Charente-Inférieure* et *la Vendée* appartiennent au ressort de Poitiers.

Tous les autres départements, au nombre de 51 , sont adjacents à ceux où sont situés les chefs-lieux des Cours d'appel ; la distance qui les sépare ne dépasse généralement pas, pour les points les plus éloignés, huit ou dix myriamètres, et, ainsi que nous l'avons déjà indiqué, cinquante arrondissements au moins se trouvent même, plus, ou tout au moins aussi rapprochés du chef-lieu de la Cour d'appel que du chef-lieu de leur département.

On peut donc dire avec toute certitude que, pour ces 51 départements, la moyenne de l'augmentation des frais de justice criminelle serait très-inférieure à celle que nous avons trouvée pour le ressort de Poitiers, où les distances sont le plus souvent doubles de ce qu'elles sont dans les autres ressorts ; et, au lieu de 227, ou, si l'on veut même, de 239 francs, cette moyenne serait tout au plus de 70 ou 80 francs par affaire.

Nous avons fait le calcul de ce qu'aurait coûté, pour l'année 1871, le jugement, par la Cour d'assises de Poitiers, des affaires criminelles des Deux-Sèvres (*département limitrophe de celui de la Vienne où se trouve placé le chef-lieu de la Cour d'appel de Poitiers*), et nous avons trouvé un excédant de dépense *de 51 francs 97 centimes seulement par affaire.*

Pour le troisième trimestre de 1872, cet excédant de dépense se réduit même *à 18 francs 52 centimes par affaire.*

La centralisation des Cours d'assises aux chefs-lieux des Cours d'appel n'occasionnerait donc pas, *dans 51 départements*, une augmentation de frais de justice beaucoup plus importante que dans les Deux-Sèvres, et on est en droit d'affirmer que cette augmentation ne serait pas en moyenne, et tout en tenant compte des circonstances les plus défavorables, supérieure à cent francs par affaire, et à 150,000 francs en totalité pour les 1,500 ou 1,800 affaires qui seraient ajoutées aux rôles des Cours d'assises siégeant exclusivement aux chefs-lieux des Cours d'appel.

Nous devons faire remarquer, encore, que l'État recouvrerait sur les condamnés, à peu près la moitié de cette somme.

Nous avons déjà dit que nous avions pris pour base de nos calculs les tarifs des 18 juin 1811 et 7 avril 1813 qui, malgré la révolution apportée depuis cette époque par les chemins de fer, et la facilité plus grande des autres modes de transports, *règlent, encore aujourd'hui*, les indemnités accordées à toutes les personnes qui concourent au service de la justice criminelle.

N'est-il pas encore de toute évidence que ces tarifs devraient subir de profondes modifications et être complétement remaniés dans leur ensemble, afin de se trouver en harmonie avec les besoins actuels des populations et les intérêts du Trésor ?

Les considérations suivantes, empruntées à nos Notes et tableaux statistiques relatifs à une nouvelle organisation judiciaire, démontreront l'urgence et nous dirons même l'indispensabilité de cette réforme.

« Les tarifs de 1811 et de 1813, faits à une époque où les moyens de communication étaient rares et coûteux, ont tenu compte de cet état de choses, en allouant aux témoins 1 franc 50 centimes par myriamètre parcouru (en dehors de l'arrondissement du siége), et autant pour le retour : en tout, 3 francs par myriamètre, aller et retour compris : somme qui était peut-être alors à peine suffisante, mais qui se trouve aujourd'hui, tout à la fois, *supérieure à ce qu'elle devrait être* pour les témoins qui ont de grandes ou même de moyennes distances à parcourir, et *très-insuffisante* pour les témoins qui sont proches du lieu où ils sont entendus. »

En principe la taxe devrait représenter pour les témoins une *indemnité*, et ne jamais constituer pour eux un bénéfice. Eh bien ! contrairement à ce principe, il arrive maintenant que plus la distance à parcourir pour les témoins est grande, moins la dépense générale de leur déplacement est forte, ce qui amène des résultats évidemment opposés aux prévisions des rédacteurs des tarifs de 1811 et de 1813.

Supposons, en effet, un témoin assigné à 20 myriamètres du lieu où il doit apporter son témoignage, la taxe de ce témoin sera de 60 francs ; il ne dépensera certainement pas la moitié de cette somme pour son voyage et bénéficiera du reste.

Plus la distance sera grande, plus le bénéfice sera considérable. Ainsi, le témoin qui serait assigné à Bayonne pour venir déposer à Lille, dont la distance de son domicile est de 103 myriamètres, recevrait une indemnité de 309 francs. Son voyage, d'après le tarif actuel des chemins de fer, lui coûterait (aller et retour compris) 127 francs, et il pourrait, défalcation faite de ses dépenses de nourriture et de logement, réaliser un bénéfice de 150 francs.

Le tarif des chemins de fer pour les places de 3ᵉ classe est d'environ 60 centimes par myriamètre, et on peut ainsi se rendre facilement compte de la dépense du voyage des témoins.

Il faut donc remanier complétement les tarifs de 1811 et de 1813, *aujourd'hui surannés ;* augmenter dans une juste mesure l'indemnité allouée aux témoins pour leur séjour, laquelle est devenue notoirement insuffisante, et *réduire la taxe de leur voyage aux strictes limites de la dépense qu'il aurait occasionnée.*

Nous disions encore, dans nos Notes et tableaux statistiques : « Il y a un moyen

3

bien simple de pouvoir réduire dans la plus forte proportion possible la taxe des témoins, et de diminuer *de plus d'un million*, peut-être, les frais de justice criminelle qui se sont élevés en 1867 à 4,875,000 francs.

« Aujourd'hui que le réseau des chemins de fer est à peu près complet et que tous les départements et bientôt tous les arrondissements sont ou seront prochainement reliés les uns aux autres par une voie ferrée, le gouvernement ne pourrait-il pas traiter avec les compagnies de chemins de fer, pour obtenir un tarif particulier pour le transport des témoins appelés à déposer dans les affaires criminelles et correctionnelles, et qui, semblable à celui qui existe pour le transport des militaires, *réduirait des trois quarts* le prix du voyage de ces témoins? Il serait facile de prendre toutes mesures nécessaires pour la vérification de leur identité, et rendre les fraudes impossibles.

« Les témoins, transportés à peu de frais, n'auraient plus à recevoir du Trésor qu'une somme suffisante pour les indemniser convenablement de leurs dépenses de nourriture et de logement, et, par suite, les frais de justice criminelle seraient considérablement diminués. »

Ces propositions ont été reproduites, dans leur ensemble, dans le projet de loi de MM. Bottieau et Boreau-Lajanadie, et ont donné lieu, dans le rapport de l'honorable M. Salneuve, à quelques objections sur lesquelles ont porté nos investigations les plus consciencieuses et notre examen le plus attentif.

Les voies ferrées, est-il dit dans ce rapport, ne sont pas assez généralisées dans tous les sens pour permettre de songer à des tarifs spéciaux qui n'ont pas été prévus dans les cahiers des charges en exercice pour les divers compagnies des chemins de fer.

Il suffit de jeter les yeux sur la carte officielle des postes de Saganzan, pour voir que le réseau général des chemins de fer est dès à présent à peu près complet, et qu'à l'exception des Hautes et Basses-Alpes et de la Lozère, tous les départements sont pourvus d'une ou plusieurs voies ferrées qui les traversent en tous sens et relient les uns aux autres presque tous les chefs-lieux de département et d'arrondissement. Il existe très-peu de cantons ou de communes qui soient aujourd'hui éloignés de plus de trois ou quatre myriamètres d'une station de chemin de fer ; très-souvent même, cette distance est au-dessous de deux myriamètres. Le réseau actuel, qui se complète de jour en jour, permettrait donc déjà aux habitants d'un ressort de Cour d'appel de parcourir en *chemin de fer, et en quelques heures, la plus grande partie de la distance qui les sépare du chef-lieu de cette Cour.*

La réduction des trois quarts du prix des places étant généralisée et appliquée à tous les témoins qui seraient entendus devant les Cours d'assises, les Tribunaux correctionnels et les juges d'instruction, produirait d'importantes économies que l'on peut évaluer (même en tenant compte du grand nombre de taxes restant à peu près ce qu'elles sont aujourd'hui, toutes les fois qu'il serait impossible aux témoins de voyager en chemin de fer) à la moitié des frais de justice criminelle, dont le total s'élève chaque année à 4 ou 5 millions.

Voici quelques chiffres à l'appui de cette assertion, qui pourront servir de base à l'appréciation des économies tout au moins *très-considérables* qui seraient ainsi réalisées.

Nous devons recommander *à l'attention toute spéciale* de nos lecteurs les indications contenues dans le tableau suivant, qui démontrent avec tant d'évidence l'urgente nécessité d'une révision complète des tarifs des 18 juin 1811 et 7 avril 1813, qu'il nous semble impossible que l'on puisse maintenir plus longtemps, ces tarifs onéreux tout à la fois aux témoins et au trésor, et qui doivent nécessairement être remaniés dans le sens que nous avons indiqué, et que l'on peut formuler ainsi : *donner aux témoins une indemnité suffisante, tout en ménageant les intérêts du trésor.*

TABLEAU COMPARATIF

des Taxes allouées en exécution des tarifs des 18 juin 1811 et 7 avril 1813, aux témoins (*voyageant en chemin de fer*), appelés devant la Cour d'assises siégeant à Poitiers, et des taxes qui seraient allouées à ces mêmes témoins après les modifications apportées à ces tarifs par suite de la réduction des 3[4 dans le prix des places en chemin de fer.

DÉSIGNATION des domiciles des témoins appelés devant la Cour d'assises siégeant à Poitiers.	TAXE qui est allouée aux témoins par les tarifs de 1811 et de 1813 aller et retour compris.	COUT DU VOYAGE des témoins avec les tarifs actuels des chemins de fer. Aller et retour compris.	TAXE qui serait allouée aux mêmes témoins par suite de la réduction des 3[4 du prix des places en chemin de fer. Aller et retour compris.	OBSERVATIONS
	fr. c.	fr. c.	fr. c.	
La Rochelle	40,50	19,60	4,90	
Jonzac	49,50	29,20	7,30	
Saintes	39 »	25,90	6,48	
La Roche-sur-Yon.	45 »	33,70	8,42	
Les Sables	54 »	29 »	7,25	
Montaigu	46,50	36,90	9,22	
Niort	21,75	10,50	2,68	
Bressuire	24 »	12,10	3,02	
Paris	100,50	45,10	11,28	
Lille	167,25	79,30	19,82	
Nancy	168	92,90	23,23	
Lyon	124,50	66,80	16,70	
Marseille	207	106,10	26,52	
Bayonne	120,75	61,30	15,33	
Brest	141	82,90	20,72	
Grenoble	170,25	83,10	20,78	
Toulon	224,25	115,20	28,80	
Nîmes	180,75	89,70	22,43	
Clermont Ferrand	81,75	48,50	12,12	
Toulouse	125,25	62,70	15,68	
Rouen	107,25	60,20	15,05	
	2235,75	1190,70	297,68	

Les chiffres portés dans ce tableau peuvent se passer de commentaires, et prouvent, mieux que nulle autre démonstration, l'indispensabilité d'une réforme radicale des tarifs des 18 juin 1811 et 7 avril 1813.

On remarquera, tout d'abord, l'énorme différence entre la taxe *actuelle* des témoins et celle qui leur serait allouée *en exécution des nouveaux tarifs basés sur la réduction des 3[4 du prix des places en chemins de fer*. Cette différence est de plus des *sept-dixièmes,* et nous avouons qu'elle dépasse nos prévisions les plus hardies et que nous ne nous attendions pas à ce qu'elle fût aussi considérable.

Le tableau qui précède fournit, en outre, la preuve irrécusable qu'avec les tarifs actuels, le Trésor paie à un grand nombre de témoins une somme sept fois plus forte que celle qui leur serait allouée en exécution des nouveaux tarifs.

Enfin on devra remarquer encore l'*écart de près de 50 0[0 entre la taxe actuelle des témoins qui voyagent en chemin de fer et la somme qu'ils paient pour leur transport*; et, alors même que les compagnies de chemins de fer ne voudraient consentir aucune réduction de leurs tarifs, il est de toute évidence que la taxe de ces témoins doit être remaniée et réduite aux strictes limites de la dépense que leur voyage aurait occasionnée.

Il faut, sans doute, ainsi que le fait remarquer avec beaucoup de raison l'honorable rapporteur, tenir compte, pour la réforme du tarif, de la situation nouvelle, faite aux témoins *par la cherté toujours croissante de la vie matérielle :* il est de toute nécessité, par exemple, de doubler, tripler même, l'indemnité de 1 franc allouée par journée de séjour, et qui d'ailleurs n'est accordée que dans des cas assez rares, le plus grand nombre des affaires criminelles ou correctionnelles se jugeant presque toujours le jour même où les témoins sont entendus ; il est également équitable d'augmenter dans une juste mesure toutes les taxes qui sont aujourd'hui évidemment insuffisantes. Mais, malgré ces augmentations de dépense, la *différence* entre le tarif actuel et le nouveau tarif, exposé dans notre dernier tableau, est si *considérable,* si *énorme,* que, tout en apportant d'équitables modifications à un grand nombre de taxes, on pourrait encore réaliser des économies qui, suivant toute probabilité, s'élèveraient à plus *de deux millions.*

Un tarif particulier déterminerait la somme qui serait allouée aux témoins demeurant dans des communes plus ou moins éloignées d'une station de chemin de fer, pour aller de leur domicile à la station la plus rapprochée, d'où ils pourraient ensuite être transportés, à prix réduit, à la destination qui leur aurait été indiquée.

Il est très-vrai que la réduction des trois quarts du prix des places ne pourrait être imposée qu'aux compagnies concessionnaires de nouveaux chemins de fer, et ne pourrait être exigé des anciennes compagnies, dont les cahiers des charges ne contiennent aucune stipulation pouvant les contraindre à subir cette réduction ; mais lorsque l'on sait avec quel dévouement les compagnies de chemins de fer viennent en aide à l'État toutes les fois qu'il réclame leur concours, rien ne laisse supposer qu'elles se refusent à consentir des modifications à leurs tarifs, qui leur seraient demandées dans un intérêt général, et l'on ne doit pas douter qu'elles ne se fassent un devoir de fournir, à bon marché, des moyens de transport à ceux qui, suivant la belle expression de M. Frémont, marchent pour la défense de la société, et qui, dans l'exercice de cette mission, doivent jouir des mêmes avantages que le soldat voyageant pour la défense de la patrie.

Au surplus, en consentant cette énorme réduction dans le prix des places des témoins, les compagnies de chemins de fer augmenteraient encore leurs bénéfices et feraient en définitive une excellente affaire.

Les témoins appelés aujourd'hui à déposer devant une Cour d'assises habitent presque tous le département où elle est placée. Ils n'ont généralement que d'assez faibles distances à parcourir ; et tous ceux qui ne se trouvent pas à la proximité d'un chemin de fer emploient nécessairement d'autres modes de transport. Les chemins de fer ne transportent donc, le plus souvent, qu'un nombre assez restreint de témoins ; et, d'un autre côté, la distance que ces témoins ont à parcourir ne dépassant pas 6 ou 8 myriamètres, et se trouvant presque toujours très-inférieure à ce chiffre, leur voyage ne produit qu'un supplément de recettes de minime importance.

Avec la centralisation des Cours d'assises aux chefs-lieux des Cours d'appel, le plus grand nombre des témoins, on peut même dire *tous* pour ceux des départements non limitrophes de celui du siège des Cours d'appel, *seraient obligés de parcourir en chemin de fer la plus grande partie de la distance qui les sépare de ce siége*, et, malgré l'énorme réduction du prix des places, comme le transport *s'appliquerait à un bien plus grand nombre de témoins et à des distances généralement triples ou quadruples* qu'elles ne l'auraient été si les mêmes témoins avaient été entendus au chef-lieu de leur département, il est très-évident que le monopole du transport des témoins accordé aux compagnies de chemins de fer, en échange d'une très-importante réduction de leurs tarifs, ne pourrait, en aucun cas, leur occasionner de préjudice *et leur procurerait au contraire de nouveaux et considérables avantages*.

Quant au transport des accusés et des gendarmes chargés de les accompagner, la très-minime augmentation de dépense qu'il occasionnerait serait plus que compensée par une économie *assez sérieuse* que nous allons indiquer et qui se rattacherait à la centralisation des Cours d'assises aux chefs-lieux des Cours d'appel.

La suppression des Cours d'assises dans 60 départements entraînerait nécessairement la transformation des maisons de justice qui y sont établies, en simples maisons d'arrêt, dont le personnel serait moins nombreux. 60 *emplois de gardiens et quelques autres dépenses accessoires pourraient être supprimés, sans inconvénient pour le service, et produiraient une économie de plus de 60,000 francs.*

Les Cours d'assises siégeant exclusivement aux chefs-lieux des Cours d'appel auraient à juger, en plus, ainsi que nous l'avons déjà indiqué, 1,500 ou 1,800 accusés.

Sur ce nombre, 7 à 800, pris parmi les plus valides, seraient transférés, *sans frais*, de la maison d'arrêt où ils étaient détenus, à la maison de justice de la Cour d'assises. Ils y seraient, *comme à présent*, amenés à pied, et conduits de brigade en brigade par la gendarmerie.

Le transport de cette première catégorie d'accusés ne nécessiterait donc aucune augmentation de dépense.

Les autres accusés seraient conduits, comme cela se pratique assez souvent aujourd'hui, en voiture ou en chemin de fer.

Dans un but d'humanité, on accorde très-libéralement à tous les accusés ou prévenus qui ne paraissent pas pouvoir supporter la marche, ce qu'on appelle le *convoi*, c'est-à-dire le transport, dans des voitures spéciales et payées à un entrepreneur général, à raison de 40 centimes *par collier* et *par kilomètre*. Ce mode, *qui est de beaucoup le plus coûteux*, permet néanmoins de transporter plusieurs accusés à la fois ; et la dépense relative à chaque accusé se trouve ainsi ramenée à un chiffre qui n'a rien d'excessif.

Lorsque les accusés ont à parcourir une grande distance et que l'on peut employer les chemins de fer, un compartiment tout entier d'un wagon de 2ᵉ classe est mis à la disposition de la gendarmerie et des accusés qu'elle doit conduire, et le prix de ce compartiment, qui peut servir, s'il y a lieu, au transport de 6 accusés, au moins, à la fois, reste invariablement le même, quel que soit le nombre des personnes qui y prennent place.

Ce prix, avec le tarif actuel, est, dans le ressort de Poitiers, où, comme nous l'avons déjà expliqué, les distances sont beaucoup plus grandes que dans aucun autre, ainsi fixé :

De : La Roche-sur-Yon à Poitiers ,   49 fr. 60 c.
     La Rochelle   dᵒ   35   85
     Saintes   dᵒ   42   »
     Niort   dᵒ   19   30

De plus, une somme de 4 francs par jour est accordée à chacun des gendarmes qui accompagnent les accusés, et lorsque la distance à parcourir dépasse 200 kilomètres, cette allocation est augmentée de 1 fr. 25 c.

On peut donc se rendre facilement compte de l'augmentation de dépense qu'occasionnerait le transport de 900 ou 1,000 accusés aux nouvelles Cours d'assises, et les calculs les plus minutieux que nous avons faits à ce sujet nous permettent d'affirmer qu'elle ne s'élèverait pas à plus de 25 ou 30,000 francs pour tous les accusés (soit en moyenne 25 à 30 francs par accusé).

Et on devra remarquer, en outre, qu'avec les réductions de tarifs qui, nous en avons la conviction, seraient consenties par les compagnies de chemins de fer pour le transport de tous ceux qui concourent au service de la justice criminelle, cette augmentation de dépense, déjà très-minime, se trouverait réduite à des proportions vraiment insignifiantes.

Nous allons maintenant examiner quel serait, en ce qui concerne le jury, les résultats de la centralisation des Cours d'assises aux chefs-lieux des Cours d'appel, et rechercher s'ils seraient ou non avantageux au trésor.

Le nombre actuel des sessions d'assises, y compris les 20 sessions supplémentaires du département de la Seine, est de 364, exigeant, à raison de 36 jurés titulaires et de 6 jurés suppléants par session, le concours de 15,288 *jurés.* Il arrive même parfois, qu'une ou plusieurs sessions extraordinaires soient nécessaires, notamment pour les Cours d'assises des *Bouches-du-Rhône* et de la *Seine-Inférieure.*

Sur ce nombre de 15,288 jurés, 12,240 *jurés titulaires* reçoivent une indemnité de déplacement, presque toujours insuffisante. Il n'est rien alloué aux jurés de la Seine et aux jurés suppléants des Cours d'assises des départements.

Si les sessions, au lieu d'être séparées par trois mois d'intervalle, avaient lieu tous les 45 jours, avec une seule Cour d'assises pour chaque Cour d'appel, il n'y aurait plus, en y comprenant les 24 sessions du département de la Seine, que 224 *sessions*, n'exigeant plus le concours que de 9,408 jurés, parmi lesquels 7,200 *seulement* recevraient une indemnité.

L'adjonction de deux nouvelles sessions réglementaires à la Cour d'assises de la Seine, proposée par les honorables auteurs du projet de loi, ne nous semble pas nécessaire ; cette Cour aurait, il est vrai, à juger, en plus, les affaires criminelles, au nombre de 70 ou 80 environ, d'Eure-et-Loir et de Seine-et-Oise; mais comme elle siége en permanence, elle suffirait facilement à cette nouvelle tâche, et d'ailleurs on pourrait toujours, toutes les fois qu'il en serait besoin, recourir à des sessions extraordinaires pour assurer la prompte expédition des affaires.

Le maintien de la Cour d'assises de Troyes, qui aurait à juger les affaires de la Marne, Seine-et-Marne, de l'Aube et de l'Yonne, nous paraît, au contraire, indispensable ; cette Cour occuperait 288 jurés titulaires et 48 jurés suppléants : *ce qui porterait, en définitive, le nombre total des sessions d'assises à* 232 ; *celui des jurés à* 9,744, *et à* 7,488, *celui des jurés titulaires auxquels serait accordée une indemnité de déplacement, au lieu de* 12,240, *chiffre actuel.*

Les économies devant résulter de la diminution du nombre des jurés seraient plus considérables si l'on réduisait à 24 le nombre des jurés titulaires. MM. Bottieau et Boreau-Lajanadie font observer avec raison que le jury de jugement devant désormais se composer de jurés pris sur un vaste territoire, dégagés par conséquent de toute idée préconçue, on pourrait en réduire le nombre de 36 à 24, en diminuant, dans la même proportion le nombre des récusations, ce qui, bien loin d'être un in-convénient, ferait disparaître un sérieux abus, le droit de récusation s'exerçant, dans l'état actuel des choses, non à raison d'une cause légitime, mais souvent par com-plaisance pour des jurés qui demandent à être exonérés de leur service, pour vaquer plus librement à d'autres occupations, et souvent encore dans le but d'écarter du jury de jugement les jurés qui se distinguent par leur intelligence, leur fermeté et leur caractère.

Si le nombre des jurés titulaires était réduit à 24, le nombre total des jurés néces-saires au service des 232 sessions des nouvelles Cours d'assises *ne serait plus que de* 6,960 (au lieu de 15,288), et les indemnités de déplacement ne seraient plus allouées qu'à 4,992 jurés (au lieu de 12,240).

Il est donc vrai de dire que la centralisation des Cours d'assises aux chefs-lieux des Cours d'appel aurait pour résultat indiscutable *d'atténuer dans la plus forte pro-portion possible les charges du jury,* charges parfois très-lourdes pour les jurés peu fortunés, et pour lesquels l'indemnité de déplacement est loin de couvrir la dépense de leur voyage et de leur séjour au chef-lieu de la Cour d'assises; et on peut ajouter, charges plus lourdes peut-être encore pour les jurés négociants, officiers ministériels, propriétaires s'occupant d'une grande exploitation rurale, et bien d'autres encore, obligés de s'absenter pendant une semaine et plus, au grand détriment de leurs in-térêts, et qui sont ainsi exposés à subir des pertes plus ou moins importantes par suite de l'abandon de leurs occupations habituelles.

Nous allons examiner si la dépense occasionnée par le jury pris dans toute l'éten-due des ressorts des Cours d'appel serait ou non plus grande que celle du jury actuel.

La moyenne de l'indemnité allouée aux 36 jurés titulaires est d'environ 640 francs par session, ce qui porte la dépense totale occasionnée par le jury pour les 340 ses-sions qui ont lieu par année (la Cour d'assises de la Seine exceptée) à 217,600 francs (approximativement).

La situation exceptionnelle des départements qui composent le ressort de la Cour de Poitiers exigerait, pour la taxe de 36 jurés titulaires siégeant au chef-lieu de cette Cour, et pris (à raison de 9 par département) dans toute l'étendue de son ressort, une dépense beaucoup plus forte que partout ailleurs; *la moyenne très-exacte que nous en avons établie s'élève à* 1,683 *francs* 75 *centimes par session ;* mais, ainsi que nous l'avons prouvé au sujet de la taxe des témoins, et par les mêmes motifs, on peut affirmer avec toute certitude que cette moyenne ne s'élèverait pas, dans les autres ressorts, à plus de mille francs, chiffre qui nous paraît même exagéré et très-supérieur à ce qu'il serait en réalité, *mais qui démontre avec une incontestable évidence que les* 232 *sessions des nouvelles Cours d'assises ne coûteraient pas plus cher que les* 364 *sessions actuelles, et qu'en ce qui concerne le jury, la centralisation des Cours d'assises aux chefs-lieux des Cours d'appel n'occasionnerait aucune aggravation des charges publiques.*

Si le nombre des jurés titulaires était réduit à 24, la dépense générale serait diminuée d'un tiers, et on pourrait réaliser ainsi une économie d'environ 70,000 francs.

La réduction de plus de moitié du nombre des jurés permettrait d'écarter de la liste générale du jury tous ceux qui ne sont évidemment pas à la hauteur de leur mission, et de ne choisir, pour former cette liste comme cela a lieu en Angleterre, que les citoyens les plus distingués par leur intelligence, leur honorabilité et la considération dont ils jouissent dans leur province.

Le jury étant réorganisé sur des bases plus solides, et offrant ainsi les garanties les plus sérieuses d'une bonne et exacte justice, peut-être devrait-on, pour rendre plus complètes encore les améliorations qui seraient apportées au service de la justice criminelle, faire revivre les prescriptions du Code d'inscription criminelle de 1808 et l'article 92 du décret du 6 juillet 1810, et *porter à quatre le nombre des assesseurs.*

M. Frémont a développé cette opinion si complétement et avec une telle supériorité qu'il nous paraît bien difficile sinon impossible de pouvoir ajouter de nouveaux arguments à ceux qu'il a présentés avec tant de force et d'autorité, et nous nous bornerons à emprunter à son remarquable travail les considérations suivantes que nous recommandons à l'attention toute spéciale de nos lecteurs.

L'état de choses créé par le Code d'instruction criminelle de 1808 et l'article 92 du décret du 6 juillet 1810, a subsisté jusqu'en 1831. Le 4 mars de cette année, une loi intervint qui, renouvelant en cela les prescriptions de la loi du 27 ventose an VIII, réduisit à trois les membres composant la Cour d'assises.

Le garde des sceaux d'alors, M. Dupont (de l'Eure), expliqua ainsi les motifs de ce retour vers le passé, et exposa que désormais le jury, étant rendu à sa pureté et à la vérité de son origine, serait appelé à statuer souverainement *sur le fait* ; que la Cour d'assises réduite à trois juges, loin de perdre de sa dignité, verrait au contraire agrandir son caractère ; organe de la loi, elle n'interviendrait plus dans la déclaration *du fait*, elle dirait *droit*.

Le ministre ajoutait que, par suite de la suppression des juges et des conseillers auditeurs, ce serait exposer à gêner le service, si l'on maintenait le nombre de cinq juges.

Le rapporteur de la commission nommée pour examiner ce projet de loi vint appuyer les arguments de M. le garde des sceaux, et, examinant la question à un autre point de vue, il soutenait que ce serait une erreur de penser que plus il y a de magistrats délibérant sur l'application de la peine, plus l'accusé a de garanties ; que l'expérience a prouvé, au contraire, que moins il y a de juges participant à la sentence, plus la responsabilité est réelle ; un homme seul ne se déciderait que sur les plus fortes et les plus puissantes raisons, à aggraver la peine ; un seul homme serait rarement cruel, parce qu'il redouterait la grave responsabilité que lui seul aurait à porter.

Enfin, disait-il, si nos mœurs et nos habitudes ne nous permettent pas, dès à présent, d'arriver, à cet égard, au point que la législation anglaise a depuis longtemps atteint, nous pouvons désormais y tendre par la diminution graduelle du nombre des juges.

Tels étaient les principaux arguments qui ont triomphé et qui ont amené le vote de la loi du 4 mars 1831.

Mais, bien que la Cour d'assises réduite au nombre de trois juges fonctionne ainsi depuis plus de quarante ans, la plupart de ceux qui ont quelque expérience du service des Cours d'assises, considéreront que la modification sollicitée par M. Frémont apporterait une amélioration importante à l'œuvre de la justice criminelle.

La dignité de l'audience y a perdu. La Cour réduite à *trois* membres est effacée par les *douze* jurés siégeant sur le même plan qu'elle, et n'a plus rien d'imposant pour le public qui se presse ordinairement dans le prétoire de nos Cours d'assises.

On ne peut pas, non plus, admettre que le service de la justice eût été entravé si le nombre des magistrats composant les Cours d'assises avait été maintenu à cinq, et on le croira moins que jamais, en présence de la diminution des affaires civiles et criminelles qui ont récemment motivé des projets de réduction dans le personnel des Cours et des Tribunaux.

Il y aurait d'ailleurs un moyen assuré de ne gêner en quoi que ce soit le service : ce serait de restituer à la Cour d'assises tous les conseillers qui ne peuvent en faire partie, parce qu'ils ont siégé dans la même affaire à la chambre des mises en accusation. L'incompatibilité qui existe aujourd'hui entre ces deux juridictions n'a véritablement pas de raison d'être : en effet, le jury déclare seul la culpabilité de l'accusé, et les membres de la Cour d'assises ne font en général qu'appliquer la peine. Il serait donc facile et même rationnel de faire cesser une incompatibilité qui n'existe pas pour le juge d'instruction, lequel, en matière correctionnelle, apprécie la prévention et se prononce ensuite sur la culpabilité du prévenu.

On ne peut également comprendre comment un plus grand nombre de magistrats appliquant la peine offrirait moins de garanties pour l'accusé, et on ne s'explique pas, surtout, comment moins il y a de juges et plus ils sont indulgents. Au surplus, s'il en était ainsi, on devrait souhaiter encore que le nombre des assesseurs fût augmenté, car la société a plus que jamais besoin d'être protégée par la fermeté des décisions judiciaires.

D'un autre côté, il faut le reconnaître, le président des assises exerce ordinairement une considérable et légitime influence sur l'opinion de ses collègues ; il s'est occupé de l'affaire de longue main ; il s'est pénétré de tous ses détails ; la direction des débats lui est confiée ; il est juste, il est naturel que son opinion ait une grande prépondérance, mais il est pourtant désirable que cette prépondérance soit contrebalancée.

Si le nombre des assesseurs n'est que de deux, il sera bien difficile qu'il en soit ainsi ; s'il est de quatre au contraire, l'équilibre sera rétabli, et le président ne pourra plus se laisser entraîner involontairement à des rigueurs ou à des faiblesses qui ne seraient pas d'accord avec une stricte et équitable justice.

En Angleterre, la culpabilité de l'accusé ne se déclare jamais qu'à l'unanimité du jury, et, dans ce pays, la peine est si parfaitement mesurée sur chaque crime, qu'elle ne peut, comme en France, s'étendre ou se resserrer. Avec une telle législation, l'unité même du juge est sans danger, la loi prononce une peine fixe, déterminée ; le juge ouvre le livre de la loi et en fait l'application. Le droit est donc seul soumis à son investigation. Mais telle n'est pas notre législation pénale : elle est arbitraire en ce sens qu'elle laisse aux magistrats une latitude immense. Si les circonstances du crime, les antécédents de l'accusé, ses réponses, son attitude pendant les débats, indiquent une âme pervertie, un coupable incorrigible, le magistrat sera sévère. Il sera indulgent au contraire, il écartera même la condamnation qui pourrait entraîner l'infamie, si la jeunesse de l'accusé, son éducation, son repentir et ses larmes, peuvent faire espérer son retour au bien. Que peut donc, après cela, la ligne de démarcation entre les juges de fait et les juges de droit ?

Et puis, comment admettre que trois juges soient appelés à prononcer sur l'honneur d'un homme, sur une détention qui pourra être perpétuelle ; qu'ils jugent les questions d'identité des accusés toutes si importantes, et dont quelques unes ont été l'écueil des magistrats même les plus capables de faire autorité par la rectitude de leur raison et par leur expérience consommée des hommes ?

Cette puissance d'une majorité numériquement si petite n'est pas moins à redouter sous le rapport des condamnations civiles. Il appartient à la Cour d'assises de prononcer soit au profit de l'accusé lorsqu'il est absous, soit contre lui lorsqu'il est frappé d'un châtiment corporel, ou qu'étant renvoyé de l'accusation, il reste un fait matériel dont il doit, comme auteur, réparer pécuniairement les conséquences nuisibles. En matière civile, lorsque l'intérêt dépasse 1,500 francs, on a le droit d'appeler du jugement de première instance rendu par trois juges, au moins devant une Cour souveraine qui donne sept magistrats et plus pour juges suprêmes, et la Cour d'assises où s'agitent des intérêts de fortune, de vie, d'honneur, n'offre que trois magistrats prononçant en juges souverains un arrêt de premier et dernier ressort. Cette anomalie fait évidemment tache dans nos institutions judiciaires.

Enfin, l'article 352 du Code d'instruction criminelle autorise les Cours d'assises, quand elles pensent à l'unanimité que le jury s'est trompé en prononçant la culpabilité de l'accusé, à surseoir au jugement et à renvoyer l'affaire à la prochaine session. Ce pouvoir exorbitant, immense, qui permet à la magistrature de porter la main sur le verdict du jury, de l'anéantir et d'en appeler à d'autres hommes pour leur confier le sort de l'accusé, serait bien mieux entre les mains d'un plus grand nombre de magistrats, car cette grave résolution qui est une appréciation suprême du fait rentrant essentiellement dans le domaine du jury, serait partagée par un plus grand nombre de consciences.

L'égalité dans la composition des Cours d'assises doit encore être prise en considération.

La Cour d'assises siégeant au chef-lieu de la Cour d'appel est composée de trois conseillers, et la Cour d'assises d'un chef-lieu de département est composée d'un conseiller et *de deux juges*. Le président a une grande autorité sur des assesseurs d'un rang inférieur; et lorsqu'il s'agit de statuer sur des dommages-intérêts qui peuvent s'élever à des sommes indéterminées et considérables, n'y a-t-il pas quelque chose d'étrange de voir des magistrats de première instance jugeant en dernier ressort avec un magistrat de Cour d'appel?

Toutes ces considérations nous paraissent avoir une importance que l'on ne saurait méconnaître, et se recommandent assurément à l'attention toute particulière du législateur.

Les Cours d'assises seraient, par l'adjonction de deux nouveaux assesseurs, plus fortement constituées et auraient incontestablement une autorité plus grande.

Nous devons ajouter que le personnel *actuel* des Cours d'appel serait très-suffisant, même dans les Cours réduites à trois Chambres, pour permettre à *cinq de leurs membres* de siéger à la fois aux Cours d'assises, car tout en admettant que l'emploi du président de la Chambre d'accusation soit prochainement supprimé, il resterait, en dehors de ces cinq magistrats, le premier président, deux présidents de Chambre et 15 conseillers, qui pourvoiraient très-facilement à toutes les exigences du service de la Chambre civile et de la Chambre correctionelle.

La centralisation des Cours d'assises aux chefs-lieux des Cours d'appel aurait pour conséquence nécessaire la suppression d'une Chambre tout entière dans 56 Tribunaux où elle deviendrait complétement inutile, ce qui permettrait de réaliser dans le budget de la justice une économie de 723,300 francs.

L'honorable rapporteur de la 13e commission d'initiative parlementaire, tout en ne contestant pas le chiffre des économies qui pourraient être ainsi réalisées et dont MM. Bottieau et Boreau-Lajanadie produisent la preuve irrécusable, oppose cependant à leur proposition les objections suivantes :

Est-ce que la suppression d'une chambre des Tribunaux placés aux chefs-lieux des Cours d'assises, suppression présentée comme le corollaire de la réforme proposée, ne pourrait pas être obtenue, même sans cette réforme, dans tous les Tribunaux ne jugeant pas au delà d'un nombre proportionné d'affaires civiles et correctionnelles ?

Il semble qu'on pourrait toujours emprunter à un Tribunal de quatre juges et de trois suppléants le nombre d'assesseurs suffisant pour composer la Cour d'assises.

La diminution du personnel serait donc possible même avec le maintien des Cours d'assises départementales, tandis que leur concentration au chef lieu de la Cour d'appel serait un obstacle absolu aux projets concernant la diminution du nombre soit des Cours d'appel, soit des conseillers dans chaque Cour, avec l'hypothèse d'une modification dans la composition des chambres civiles, modification qui consisterait à n'exiger la présence dans chaque chambre que de cinq conseillers au minimum et de sept au maximum, au lieu de la proportion de sept à onze.

La diminution du nombre des jurés par chaque session, à 30, ou même à 24, avec réduction correspondante du droit de récusation, pourrait s'opérer aussi bien dans chaque département que sur tout le ressort, et même plus aisément, à raison des probabilités moindres d'empêchements quelconques, se produisant ordinairement dans la proportion d'un sixième, ce qui ne laisse pas que de rendre douteuse la possibilité de diminuer le nombre actuel des jurés, nombre combiné à toutes fins par la sage prévoyance du législateur.

Nous allons discuter successivement chacune de ces objections dont la réfutation nous semble plus facile que pour toutes celles que nous avons précédemment examinées.

La suppression d'une chambre près les Tribunaux de chefs-lieux de département où se tiendraient encore les assises aurait infailliblement pour résultat de généraliser un inconvénient, nous n'osons dire un abus qui résulte déjà de la tenue des assises trimestrielles au siége de ces Tribunaux.

Jamais, peut-être, il n'y a eu plus d'avocats inscrits aux barreaux des Cours et des Tribunaux, et jamais cependant il n'y en a eu aussi peu exerçant réellement leur profession, et en possession d'une clientéle sérieuse, due à la notoriété du talent. Il n'y a donc le plus souvent, dans presque tous les Tribunaux des chefs lieux de département, que trois ou quatre avocats en renom, plaidant presque exclusivement toutes les affaires civiles et criminelles un peu importantes; et lorsqu'ils sont retenus à la Cour d'assises pour la défense des accusés, il leur est nécessairement impossible de plaider les affaires civiles dont ils étaient chargés. Il résulte de cet état de choses, que, pendant toute la durée des assises, le cours de la justice civile se trouve en quelque sorte interrompu dans un assez grand nombre de Tribunaux, et les audiences, qui se tiennent pour la forme, n'aboutissent guère qu'à renvoyer à une audience ultérieure les plaidoiries et l'expédition des affaires.

Si, à cet inconvénient déjà très-grave et dont peuvent témoigner tous les magistrats qui ont exercé leurs fonctions au siége d'un Tribunal de chef-lieu d'assises, il faut ajouter encore la difficulté que ce Tribunal aurait à se constituer par suite de la suppression de sa 2e chambre, nous ne croyons pas avoir émis une opinion téméraire en disant que pendant toute la durée des assises *le cours de la justice civile serait le plus souvent interrompu dans presque tous les Tribunaux des chefs-lieux de département.*

Il nous paraît, en effet, bien difficile, sinon impossible, qu'un Tribunal de 4 juges et de 3 suppléants puisse fournir tout à la fois des assesseurs à la Cour d'assises et continuer à juger les affaires civiles et correctionnelles qui lui sont déférées.

Le président et un juge de ce Tribunal étant assesseurs et le juge d'instruction se trouvant presque toujours retenu par les exigences spéciales de son service et ne pouvant, à raison même de ses fonctions, siéger à la Cour d'assises, il resterait donc (en admettant qu'il n'y ait ni congés, ni vacance d'emploi, ni maladie, etc , etc.), *un seul juge titulaire* pour juger avec le concours des juges suppléants les affaires civiles et correctionnelles.

Mais les juges suppléants, souvent choisis parmi les avocats et les avoués les plus occupés des Tribunaux, pourraient eux-mêmes, et pour des causes inhérentes à l'exercice de leur profession, se trouver très-fréquemment empêchés de siéger aux audiences civiles qui se tiendraient pendant la durée des assises.

Le concours des juges suppléants nous semble donc tout au moins problématique, d'autant plus qu'il se présenterait bien d'autres causes d'empêchements encore, très-faciles à prévoir et qui rendraient à peu près inexécutable cette combinaison, dont les nombreux inconvénients, d'ailleurs, n'échapperont pas à tous ceux qui ont quelque expérience des choses judiciaires.

Il nous est complétement impossible de comprendre comment la centralisation des Cours d'assises aux chefs-lieux des Cours d'appel, *qui n'exigerait plus le service que de trois magistrats seulement, par session*, pourrait être, en quoi que ce soit, un obstacle absolu à la diminution du nombre soit des Cours d'appel elles-mêmes, soit des conseillers dans chaque Cour, tandis qu'il est de *toute évidence au contraire que la centralisation des Cours d'assises, en occasionnant la suppression de 132 sessions par année, et par conséquent de 132 présidents et 264 assesseurs, loin d'entraver la réduction du personnel judiciaire, la faciliterait bien plus que le maintien de l'état de choses actuel.*

Il est encore de toute évidence *qu'alors même que le nombre des Cours d'appel serait réduit à 15*, et qu'elles ne fussent plus composées, comme la Cour de Bastia, que de 20 membres, leur personnel serait encore suffisant pour assurer le service des 8 sessions devant être tenues, chaque année, aux chefs-lieux de ces Cours : car, en dehors du président et des deux assesseurs retenus à la Cour d'assises, il resterait encore 17 magistrats qui pourraient encore (et en faisant une large part à toutes les éventualités) pourvoir au service de la chambre civile et de la chambre correctionnelle.

La centralisation des Cours d'assises n'apporterait donc aucun obstacle à la réduction du nombre des Cours et des Tribunaux ni à la réduction de leur personnel, *et pourrait être édictée, et produire tous les avantages que l'on doit en attendre, alors même que toutes les juridictions actuelles seraient maintenues, et qu'il ne serait apporté aucun autre changement à notre organisation judiciaire.*

La diminution du nombre des jurés par chaque session, à 30 ou à 24, s'opérerait très certainement aussi bien dans chaque département que sur tout le ressort ; mais

cette seule modification au service des Cours d'assises serait en elle-même bien insuffisante, car elle n'apporterait aucun changement au nombre des sessions, qui serait
toujours de 364, *ni à la durée de l'emprisonnement préventif*, et ne procurerait
enfin aucun des avantages si considérables qui résulteraient de la centralisation des
Cours d'assises aux chefs-lieux des Cours d'appel.

Ces avantages peuvent se résumer ainsi :

1° *Il n'y aurait plus que* 232 *sessions au lieu de* 364 (*en moins* 132).

Les comptes-rendus de la justice criminelle des années 1868 et 1869
établissent que ce nombre de 232 sessions serait suffisant et que la centralisation
aux chefs-lieux des Cours d'appel de toutes les affaires criminelles n'entraînerait ni
des sessions trop prolongées, ni des sessions trop chargées. En effet, quatorze Cours
d'assises siégeraient moins de dix jours par session ; huit, de dix à quinze jours, et
trois de quinze à vingt jours. Ces chiffres ne s'écartent pas de ceux des sessions des
Cours d'assises actuelles, ainsi que cela résulte des énonciations des tableaux 132 et
133 de la statistique criminelle des années 1868 et 1869.

2° *On n'appellerait plus que* 6,960 *jurés au lieu de* 15,288 (*en moins* 8,328)

3° 4992 *jurés, seulement, recevraient une indemnité de déplacement au lieu de*
12240 (*en moins*, 7,248).

4° *On pourrait économiser sur le budget de la justice une somme de*
1,045,800 *francs dont voici le détail* :

1° Suppression d'une Chambre dans 56 tribunaux,	723, 300
2° Suppression de l'indemnité allouée aux présidents d'assises , et des frais de secrétariat du Parquet, *	150,000
3° Transformation de 60 maisons de justice en maisons d'arrêt,	60,000
4° Économies sur les indemnités accordées aux jurés, leur nombre étant réduit à 24 par session,	70 000
5° Suppression de l'emploi de président de la Chambre des mises en accusation,	192,500
Total	1,195,800

A défalquer, cent cinquante mille francs pour l'augmentation des
taxes des témoins , 150,000

Reste, 1,045,800

* *La présidence des assises exige non-seulement beaucoup de talent, mais encore un travail très-
considérable, et parfois même, véritablement écrasant; il serait donc de toute justice, qu'un préciput
de 1,000 fr. par session, fut accordé aux présidents des nouvelles Cours d'assises.*

Le total des économies résultant de la centralisation des Cours d'assises aux chefs-lieux des Cours d'appel s'éleverait donc, avec les tarifs des 18 juin 1811 et 7 avril 1813, que nous avons démontrés être si onéreux au trésor, et malgré ces tarifs, *à un million quarante-cinq mille huit cents francs.*

Mais avec les modifications (basées sur la réduction des 3[4 du prix des places en chemin de fer) qui seraient apportées aux tarifs de 1811 et de 1813, les économies résultant de la centralisation des Cours d'assises s'élèveraient, suivant toute probabilité, à plus de *TROIS MILLIONS.*

A ces avantages matériels, déjà très-appréciables, la centralisation des Cours d'assises se recommande encore par les considérations suivantes, dont l'importance ne peut être contestée, et qui, à elle seules, devraient motiver l'adoption de la réforme proposée :

La durée de l'emprisonnement préventif des accusés serait réduite de moitié.

L'énorme diminution du nombre des jurés permettrait de ne les choisir à l'avenir que parmi les personnes qui offriraient les plus sérieuses garanties à la société et à la justice.

Les jurys pris sur un vaste territoire, et dégagés par conséquent de toute idée préconçue, présenteraient une plus grande garantie d'indépendance, de fermeté et d'impartialité que les jurys actuels.

L'action de la justice deviendrait plus rapide et plus sûre ; la composition des Cours d'assises serait plus égale et plus éprouvée ; la jurisprudence criminelle aurait plus d'unité ; et la répression serait plus uniforme. Enfin l'accusation et la défense jouiraient des mêmes garanties de savoir et d'expérience.

Toutes ces considérations relatives aux améliorations si considérables qui seraient ainsi apportées au service de la juridiction criminelle méritent au plus haut point de fixer l'attention toute spéciale de l'Assemblée nationale, qui, nous n'en doutons point, en adoptant dans leur ensemble les propositions de MM. Bottieau et Boreau-Lajanadie, s'empressera de voter une réforme évidemment avantageuse à l'humanité et à la justice.

Poitiers, 15 octobre 1872.

POITIERS. — IMPRIMERIE DE HENRI OUDIN.

DE LA CENTRALISATION

DES

COURS D'ASSISES

AUX CHEFS-LIEUX

DES COURS D'APPEL

DEUXIÈME PARTIE.

La centralisation des Cours d'assises aux chefs-lieux des Cours d'appel touche à des intérêts si nombreux et si complexes, que l'on ne doit pas s'étonner que la proposition de loi de MM. Bottieau et Boreau-Lajanadie n'ait provoqué d'ardentes résistances et n'ait soulevé une foule d'objections qui, en ce moment, empruntent une force considérable à l'opinion récemment émise par la Cour de cassation, dans sa délibération du 24 février 1873 : « *Qu'elle verrait avec inquiétude les changements « que la mesure projetée introduirait dans une institution aussi importante et aussi « délicate que celle du jury, et qu'elle serait peu disposée à en appuyer l'adoption.* »

Cette déclaration de la Cour suprême et plus encore, peut-être, la coalition des intérêts locaux feront donc, suivant toute probabilité, repousser la réforme sollicitée, malgré les considérations puissantes qui militent en sa faveur ; mais, quelle que puisse être, à ce sujet, la décision de l'Assemblée nationale, nous croyons utile d'établir à l'aide de documents et de chiffres extraits du compte général de l'administration de la justice criminelle, la sincérité et l'exactitude de nos affirmations relatives aux *résultats matériels* de la centralisation des Cours d'assises, et d'ajouter de nouveaux éléments de preuves à l'appui de ceux qui nous ont déjà permis d'en indiquer les nombreux avantages, parmi lesquels nous persistons, plus que jamais, à placer en première ligne : *l'abréviation de la durée de l'emprisonnement préventif des accusés ;*

1

l'atténuation des charges du jury, et la possibilité de pouvoir réaliser d'importantes économies dans les frais de justice criminelle.

Nous allons donc reprendre très-brièvement la discussion de ces propositions, et nous croyons pouvoir démontrer qu'elles ne pourraient être sérieusement contestées, nous préoccupant bien moins, toutefois, de chercher à faire triompher notre opinion personnelle que de faciliter l'œuvre législative, en fournissant des matériaux et des renseignements consciencieux et exacts à ceux à qui il appartient, en définitive, de statuer sur cette grave et importante question.

I.

En ce qui concerne l'abréviation de la détention préventive alléguée comme devant être la conséquence nécessaire de la centralisation des Cours d'assises, nous en trouvons la preuve évidente dans cette indication du compte général de la justice criminelle en 1869: « *que le nombre des ordonnances rendues par les juges d'instruction est, en moyenne, de 70 0/0 dans le premier mois du crime ou délit, et de 19 0/0 dans le deuxième mois* ».

L'instruction des affaires criminelles se trouve donc terminée dans la proportion *de 70 0/0 dans le délai d'un mois, et de 89 0/0 dans celui de deux mois*, et, d'un autre côté, l'arrêt de renvoi et les formalités exigées pour la comparution des accusés devant la Cour d'assises ne demandent pas, *généralement*, plus de quinze jours, en sus ; or, comme, d'après le projet, il y aurait tous les 45 jours, au chef-lieu de chaque Cour d'appel, une session pour juger toutes les affaires criminelles du ressort, il est impossible de ne pas reconnaître que les accusés attendraient moins longtemps leur jugement, et que le plus grand nombre ne subiraient que la moitié de l'emprisonnement préventif qui leur est imposé aujourd'hui.

On ne saurait objecter que l'article 217 du Code d'instruction criminelle ne prescrivant au procureur général de mettre les affaires en état *que dans les cinq jours* de la réception des pièces qui lui sont transmises, en exécution de l'article 133 du même Code, et de faire, *dans les cinq jours suivants*, son rapport à la chambre d'accusation, qui peut elle-même ne statuer que dans le délai de *trois jours*, il faudrait, postérieurement à l'ordonnance du juge d'instruction, de vingt à vingt-cinq jours encore, pour l'*arrêt de renvoi aux assises ; sa signification aux accusés ; leur transfèrement au chef-lieu de la Cour d'appel ; leur nouvel interrogatoire et le délai qui leur est imparti pour le pourvoi en cassation contre l'arrêt de la chambre d'accusation ;* car, dans la pratique, tous ces délais sont considérablement abrégés, et la plupart des affaires sont portées devant la chambre des mises en accusation, trois ou quatre jours après leur arrivée au parquet de la Cour ; il est donc permis d'affirmer que presque toutes les affaires pourraient facilement être soumises au jury dans les quinze jours qui suivent l'ordonnance du juge d'instruction, et être jugées dans les 45 jours du crime ou délit, c'est-à-dire dans un laps de temps le plus souvent *moindre de moitié* que celui qui est actuellement nécessaire.

Ce résultat, le plus important, selon nous, de tous ceux que procurerait la centralisation des cours d'assises, serait atteint, sans qu'il y ait à redouter, en quoi que ce soit, une précipitation regrettable dans l'instruction des affaires criminelles, qui continuerait à être faite comme par le passé, et les chambres d'accusation ne seraient, dans l'avenir, comme elles le sont à présent, saisies des affaires qui leur sont déférées que lorsque tous les moyens d'information auraient été épuisés. La réforme proposée aurait seulement pour conséquence d'en hâter le jugement, sans rien changer au mode actuel d'instruction, et de diminuer la durée de la détention préventive des trois quarts et peut-être même des quatre cinquièmes des accusés.

En présence des constatations officielles de la chancellerie, qui démontrent que la majeure partie des affaires criminelles (70 0|0) sont en état d'être soumises au jury dans un délai n'excédant pas six semaines, et que 63 0|0 des arrêts des chambres d'accusation sont rendus dans les deux mois du crime ou délit, nous ne pouvons comprendre que l'on puisse soutenir « *que l'établissement d'une session d'assises* « *siégeant tous les 45 jours aux chefs-lieux des cours d'appel ne hâterait pas sensible-* « *ment le jugement des affaires, si ce n'est, pour un très-petit nombre d'entre elles,* « *qui pourraient se révéler au lendemain d'une session, et dont l'instruction n'exi-* « *gerait qu'une durée de quelques semaines.* »

Nous comprenons plus difficilement encore que l'on prenne la Cour d'assises de la *Seine* pour exemple de l'inefficacité de la réforme proposée, au point de vue de la prompte expédition des affaires, quand il est de toute évidence que le retard apporté à leur jugement dépend exclusivement, à *Paris*, de leur multiplicité et de l'impossibilité absolue où se trouvent les magistrats chargés de leur instruction de pouvoir la terminer dans les délais réglementaires, chacun d'eux ayant à s'occuper d'environ 13 ou 1,400 affaires criminelles ou correctionnelles, c'est-à-dire d'un nombre décuple de celles qui sont attribuées aux juges des tribunaux les moins occupés. Il n'est donc pas surprenant qu'à *Paris* l'instruction des affaires s'y prolonge plus que partout ailleurs, et que, bien que la Cour d'assises y siége en permanence, 10 à 12 0|0 des affaires s'y terminent dans les deux mois, et que le reste exige *de deux à six mois.* Une seule chose doit étonner, c'est que les 18 juges d'instruction du tribunal de la *Seine* qui ont à statuer sur plus de 25,000 affaires puissent suffire à leur lourde tâche dans des conditions aussi satisfaisantes que celles qui sont indiquées par la statistique générale ; mais la situation qui leur est faite est toute exceptionnelle, et nous pouvons affirmer encore que, dans tous les autres ressorts, les deux tiers au moins, et peut-être même les quatre cinquièmes des affaires criminelles, pourraient facilement être mises en état d'être jugées dans l'intervalle de 45 jours qui séparerait les sessions des nouvelles Cours d'assises.

Les indications suivantes, extraites du compte général de la justice criminelle pour l'année 1869 (page 247), permettent de se rendre compte de l'importance de la diminution de la durée de l'emprisonnement préventif qui résulterait de l'adoption de la réforme proposée.

En 1869, la durée de l'emprisonnement préventif pour les accusés jugés par les Cours d'assises a été de :

Moins d'un mois. . . . . 11 0|0
de 1 à 2 mois. . . . . 26 0|0
de 2 à 3 mois. . . . . 29 0|0
de 3 à 4 mois. . . . . 19 0|0
de 4 à 5 mois. . . . . 8 0|0
de 5 à 6 mois. . . . . 3 0|0
de plus de 6 mois. . . . . 4 0|0

Ainsi donc, dans l'état de choses actuel, 25 0|0, au plus, des accusés sont détenus préventivement moins de six semaines, et 65 0|0 subissent un emprisonnement de 2 à 3 mois au moins, et qui, pour 34 0|0, a une durée très-supérieure.

Avec la centralisation des Cours d'assises, au contraire, chaque Cour d'appel ayant désormais 8 sessions et toutes les affaires criminelles du ressort devant y être jugées dans les 45 jours, 89 0|0 *des accusés*, c'est-à-dire *près des neuf dixièmes*, ne pourraient, en aucun cas, être détenus plus de deux à trois mois, et 50 à 60 0|0 d'entre eux ne subiraient, ainsi que nous l'avons démontré plus haut, qu'un emprisonnement dont la durée ne dépasserait pas six semaines ; enfin, 11 0|0 seulement des accusés, au lieu de 34 0|0 (appartenant presque tous au ressort de *Paris*, où les affaires seront toujours jugées plus lentement qu'ailleurs), resteraient détenus plus de trois mois.

Ces chiffres, que chacun peut contrôler sur le compte général de la justice criminelle de 1869, et qui sont à peu près identiques à ceux des dix années précédentes, démontrent jusqu'à la plus entière évidence l'exactitude de nos allégations, et si quelque doute pouvait subsister encore, il devrait disparaître devant cette dernière preuve, qui, plus que toute autre, doit convaincre les plus incrédules.

Aujourd'hui, avec les sessions trimestrielles, 41 0|0 des affaires criminelles sont jugées contradictoirement dans les trois mois du crime ou délit. (Voir Stat. crim. de 1869, page 243.)

Avec les sessions d'assises tenues tous les 45 jours aux chefs-lieux des Cours d'appel, *les mêmes affaires seraient jugées dans le même délai dans la proportion de* 89 0/0.

Il n'est donc pas téméraire de soutenir que la centralisation des Cours d'assises diminuerait de plus de moitié la durée de la détention préventive des accusés, et il nous semble impossible que l'on puisse se refuser à admettre ce résultat, dont la réalité est vraiment indiscutable.

II.

Nous avons cité l'atténuation des charges du jury parmi les avantages que procurerait la centralisation des Cours d'assises, et il nous sera très-facile de fournir la justification la plus complète de cette proposition.

Les 364 sessions actuelles exigeant le concours de 14,560 jurés, il est certain que si, conformément au projet, il n'y avait que 232 sessions, on n'appellerait plus que 9,280 jurés, alors même que l'on conserverait le nombre de 36 jurés titulaires et 4 suppléants par session, et qu'ainsi la centralisation des Cours d'assises aurait pour effet de réduire de 5,280, *soit de plus du tiers,* le nombre des jurés de service, et de faciliter en même temps un meilleur recrutement du jury.

On ne peut assurément contester la matérialité de ce résultat, mais on objecte *que les sessions ayant une plus longue durée, les dépenses de séjour seraient considérablement augmentées pour les jurés; que la charge pèserait, à la vérité, sur un moins grand nombre, mais qu'elle n'en serait que plus lourde pour ceux qui auraient à la supporter, et qu'au surplus, le déplacement des jurés et des témoins qui auraient à franchir de plus grandes distances, imposerait à l'État des frais hors de proportion avec les avantages allégués, et l'on fait observer, en outre, que parmi les jurés, la plupart exercent aujourd'hui des professions laborieuses, dont l'interruption prolongée outre mesure leur occasionnerait un énorme préjudice et rendrait leur tâche en quelque sorte intolérable.*

Cette objection serait considérable, s'il était vrai que les sessions des nouvelles Cours d'assises dussent avoir une durée beaucoup plus grande que celle des sessions actuelles; mais il n'en serait pas ainsi; *leur durée serait généralement la même,* et loin d'aggraver d'une manière sensible la situation des jurés de service, la réforme projetée *assurerait au contraire une répartition plus égale des charges qui leur sont imposées,* les atténuerait même dans quelques ressorts, et n'augmenterait, en définitive, la durée moyenne des sessions que dans une proportion véritablement insignifiante.

Les tableaux ci-après, dont les chiffres sont également empruntés au compte général de la justice criminelle en 1869 (*dernière année régulière du compte*), feront comprendre mieux qu'aucune autre explication quels seraient les effets de la centralisation des Cours d'assises par rapport au jury, et fourniront, tout à la fois, la preuve de l'exactitude de nos assertions, et de l'erreur manifeste de ceux qui soutiennent une opinion contraire à la nôtre.

Le premier tableau indique la moyenne du nombre d'affaires et de la durée de chaque session d'assises en 1869, et permet d'apprécier sûrement l'importance des charges qui pèsent actuellement sur les jurés, et qui sont aujourd'hui, par suite de la correctionnalisation progressive des affaires criminelles, de moitié moins lourdes qu'elles ne l'étaient autrefois *.

On remarquera tout d'abord dans ce tableau l'inégalité qui existe dans la durée des sessions, dans un très-grand nombre de départements.

Dans 18 d'entre eux, en effet, la moyenne de la durée de chaque session n'est que de 2 à 3 jours ; — elle est au contraire de 10 à 15 jours pour 14 départements, de 7 à 10 jours pour 18 autres, et de 5 à 7 jours pour le surplus.

En résumé, la moyenne générale du nombre d'affaires a été, en 1869, de 8 par session (non compris *Paris*), et la durée moyenne de chaque session est de 6 jours.

1er TABLEAU
indiquant la moyenne du nombre d'affaires et de la durée de chaque session d'assises en 1869.

RESSORTS.	DÉPARTEMENTS.	NOMBRE des affaires soumises au jury en 1869.	MOYENNE du nombre des affaires pour chaque session.	NOMBRE de jours des sessions.	MOYENNE de la durée de chaque session.	OBSERVATIONS.
1	2	3	4	5	6	7
Agen.	Gers.	33	8	28	7 jours	
	Lot.	12	3	13	3	
	Lot-et-Garonne.	28	7	22	6	
Aix.	Alpes (Basses-).	16	4	16	4	
	Alpes-Maritimes.	34	9	26	7	
	Bouches-du-Rhône.	70	18	62	15	
	Var.	35	9	30	8	
Amiens.	Aisne.	55	14	45	11	
	Oise.	66	17	40	10	
	Somme.	59	15	46	12	
	A REPORTER.	408	104	328	83 jours	

* Pendant plus de 40 ans, et jusqu'en 1850, la moyenne de la durée de chaque session était de 12 jours.

RESSORTS.	DÉPARTEMENTS.	NOMBRE des affaires soumises au jury en 1860.	MOYENNE du nombre des affaires pour chaque session.	NOMBRE de jours des sessions.	MOYENNE de la durée de chaque session.	OBSERVATIONS.
1	2	3	4	5	6	7
	Reports. . . .	408	104	328	83 jours	
Angers.	Maine-et-Loire.	34	9	17	4	
	Mayenne.	17	4	9	2	
	Sarthe.	27	7	16	4	
Bastia.	Corse.	43	12	44	11	
Besançon.	Doubs.	26	7	17	4	
	Jura.	35	9	22	6	
	Haute-Saône.	18	5	13	3	
Bordeaux.	Charente.	51	13	31	8	
	Dordogne.	44	10	30	8	
	Gironde.	88	22	47	12	
Bourges.	Cher.	9	2	10	3	
	Indre.	10	3	9	2	
	Nièvre.	8	2	7	2	
Caen.	Calvados.	82	21	47	12	
	Manche.	40	10	24	5	
	Orne.	32	8	19	5	
Chambéry.	Savoie.	11	3	16	4	
	Savoie (Haute-).	14	4	13	3	
Colmar.	Bas-Rhin	46	12	24	6	
	Haut-Rhin.	59	15	36	9	
Dijon.	Côte-d'Or.	51	13	31	8	
	Haute-Marne.	45	11	26	7	
	Saône-et-Loire.	51	13	26	7	
Douai	Nord.	64	16	40	10	
	Pas-de-Calais.	26	7	16	4	
Grenoble.	Hautes-Alpes.	8	2	9	2	
	Drôme.	18	5	16	4	
	Isère.	27	7	35	9	
Limoges	Corrèze.	14	4	11	3	
	Creuse.	16	4	13	3	
	Haute-Vienne.	18	5	21	5	
Lyon.	Ain.	20	5	12	3	
	Loire.	35	9	20	5	
	Rhône.	65	16	60	15	
Metz.	Ardennes.	25	7	16	4	
	Moselle.	33	8	27	7	
	À reporter. . .	1615	414	1155	292 jours	

RESSORTS.	DÉPARTEMENTS.	NOMBRE des affaires soumises au jury en 1869.	MOYENNE du nombre des affaires pour chaque session.	NOMBRE de jours des sessions.	MOYENNE de la durée de chaque session.	OBSERVATIONS.
1	2	3	4	5	6	7
	REPORTS. . . .	1615	414	1155	292 jours	
	Aude.	12	3	12	3	
Montpellier.	Aveyron.	23	6	17	4	
	Hérault.	23	6	17	4	
	Pyrénées-Orientales	15	4	15	4	
	Meurthe.	48	12	34	9	
Nancy.	Meuse.	21	5	12	3	
	Vosges.	32	8	20	5	
	Ardèche.	19	5	14	4	
Nîmes.	Gard.	35	9	30	8	
	Lozère.	21	5	16	4	
	Vaucluse.	23	6	19	5	
	Indre-et-Loire.	28	7	20	5	
Orléans.	Loir-et-Cher.	32	8	19	5	
	Loiret.	29	7	17	4	
	Aube.	34	8	14	4	
	Eure-et-Loir.	26	7	13	3	
	Marne.	44	11	31	8	
Paris.	Seine.	425	18	301	13	Il y a à Paris 24 sessions par an.
	Seine-et-Marne.	41	10	20	5	
	Seine-et-Oise.	55	14	30	8	
	Yonne.	18	5	13	3	
	Landes.	10	3	8	2	
Pau.	Basses-Pyrénées.	21	5	22	5	
	Hautes-Pyrénées.	15	4	16	4	
	Charente-Inférieure.	62	16	38	10	
Poitiers.	Deux-Sèvres.	17	4	12	3	
	Vendée.	27	7	17	4	
	Vienne.	17	4	17	4	
	Côtes-du-Nord.	50	13	28	7	
	Finistère.	75	19	42	11	
Rennes.	Ille-et-Vilaine.	62	16	34	8	
	Loire-Inférieure.	64	16	40	10	
	Morbihan.	38	10	22	5	
	Allier.	23	6	14	4	
Riom.	Cantal.	14	4	14	4	
	Haute-Loire.	22	6	17	4	
	Puy-de-Dôme.	29	7	19	5	
Rouen.	Eure.	55	14	27	7	
	Seine-Inférieure.	88	22	47	12	
	Ariége.	6	2	6	2	
Toulouse.	Haute-Garonne.	49	12	36	9	
	Tarn.	16	4	18	5	
	Tarn-et-Garonne.	21	5	20	5	
	TOTAUX. . . .	3397	777	2353	533 jours	

2ᵉ TABLEAU

indiquant la moyenne du nombre d'affaires et de la durée de chacune
des 8 sessions d'assises qui auraient été tenues aux chefs-lieux
des Cours d'appel en 1869.

DÉSIGNATION des COURS D'ASSISES.	NOMBRE des affaires soumises au jury, en 1869 dans le ressort des Cours désignées ci-contre.	MOYENNE du nombre des affaires pour chaque session.	MOYENNE de la durée de chaque session.	OBSERVATIONS.
Agen.	73	9	6 jours.	
Aix.	155	19	14	
Amiens.	180	22	15	
Angers.	78	10	7	
Bastia.	43	5	4	
Besançon.	79	10	7	
Bordeaux.	180	22	15	
Bourges.	27	3	2	
Caen.	154	19	13	
Chambéry.	25	3	2	
Colmar.	105	13	9	
Dijon.	147	19	13	
Douai.	90	11	8	
Grenoble.	53	7	5	
Limoges.	48	6	4	
Lyon.	120	15	10	
Metz.	58	7	5	
Montpellier.	73	9	6	
Nancy.	101	13	9	
Nîmes.	98	12	8	
Orléans.	89	11	8	
Paris.	640	27	19	(24 sessions).
Pau.	46	6	4	
Poitiers.	123	15	10	
Rennes.	289	36	24	Il serait indispensable de doubler le nombre des sessions de la Cour d'assises de Rennes, à moins que l'on ne préférât maintenir les Cours d'assises de Nantes et de Quimper.
Riom.	88	11	8	
Rouen.	143	18	12	
Toulouse.	92	12	8	
	3397	370	255 jours.	

Il est facile, à l'aide du tableau qui précède, de se rendre compte des résultats de la
centralisation des Cours d'assises relatifs au nombre d'affaires et à la durée des
sessions qui seraient tenues au chef-lieu de chaque Cour d'appel.

D'après les indications de ce tableau , dont nous garantissons la rigoureuse exacti-

2

tude, les sessions des nouvelles Cours d'assises n'auraient pas une durée supérieure à 8 jours, dans 14 ressorts, et, pour le surplus, la durée de chaque session varierait de 9 à 15 jours, et n'atteindrait même ce dernier chiffre que dans 4 ressorts.

La moyenne *générale* du nombre d'affaires (*Paris* excepté) serait de 13 par session, et la *moyenne de la durée de chaque session serait de 9 jours*, c'est-à-dire *de 3 jours seulement de plus que celle des sessions actuelles.*

Mais il convient de faire observer que cette légère augmentation n'aurait d'autre effet que d'élever à 6 ou 8 jours la durée des sessions qui sont en ce moment les moins chargées, et qui n'est pas supérieure à 2 ou 3 jours, et *d'établir ainsi une répartition plus égale des charges du jury,* lesquelles n'auraient, à l'avenir, certainement rien d'excessif.

En se reportant à la 4e colonne du tableau, on peut se convaincre d'ailleurs que la durée des sessions des nouvelles Cours d'assises *serait, à peu près, la même qu'aujourd'hui,* et ne pourrait en aucun cas, comme on l'a prétendu, constituer pour les jurés une charge en quelque sorte intolérable.

La réduction à 30 et même à 24 du nombre des jurés de service, et la diminution dans la même proportion du nombre des récusations, feraient disparaître un abus sérieux, le droit de récusation s'exerçant, le plus souvent, non à raison d'une cause légitime, mais par complaisance pour des jurés qui demandent à être exonérés de leur service pour vaquer plus librement à d'autres occupations, et souvent encore dans le but d'écarter du jury de jugement les jurés qui se distinguent par leur intelligence, leur fermeté et leur caractère.

Si cette nouvelle réforme, qui nous paraît excellente, était adoptée en même temps que la centralisation des Cours d'assises, la réduction *de plus des deux tiers du nombre des jurés de service* permettrait d'écarter de la liste générale du jury tous ceux qui ne sont évidemment pas à la hauteur de la redoutable magistrature qui leur est confiée, et de ne choisir pour former cette liste que les citoyens qui offriraient les plus sérieuses garanties à la société et à la justice. Mais, alors même que l'on maintiendrait le nombre de 36 jurés titulaires et de 4 suppléants par session, nous avons déjà expliqué que le service des nouvelles Cours d'assises n'exigerait plus le concours de 5,280 jurés, c'est-à-dire de plus du tiers de ceux qui sont actuellement nécessaires ; et comme, d'un autre côté, nous avons prouvé que la durée des sessions ne serait pas sensiblement augmentée, nous sommes donc en droit d'affirmer que la centralisation des Cours d'assises aurait pour effet d'atténuer considérablement les charges du jury et d'en faciliter un meilleur recrutement.

III.

Parmi les objections dirigées contre la proposition de MM. Botticau et Boreau-Lajanadie, il en est une qui pour un très-grand nombre de personnes semblerait devoir motiver à elle seule le rejet de cette proposition.

Nous voulons parler de l'augmentation des frais de justice criminelle, que les adversaires du projet signalent comme devant être une conséquence inévitable de la centralisation des Cours d'assises, et qui imposerait, disent-ils, au Trésor un surcroît de dépense de *plusieurs millions* par suite des taxes sextuples ou décuples peut-être des témoins, jurés, experts, etc., etc.

Cette objection est tellement accréditée, qu'elle est partagée par les meilleurs esprits, et par ceux-là même que leur situation et leur expérience des choses judiciaires devraient le plus préserver de l'erreur commune à la plupart de ceux qui ont écrit ou parlé sur cette question.

Ainsi l'éminent rapporteur de la Cour de cassation n'hésite pas à déclarer « *que,* « *quant aux témoins, l'augmentation de dépense serait plus importante encore que* « *celle des jurés. 34,000 témoins, environ, sont appelés annuellement devant les* « *assises. On peut affirmer que les indemnités à payer par le Trésor public seraient* « *plus que doublées ; mais pour le témoin lui-même, quel accroissement de préju-* « *dice, soit parce qu'il serait plus longtemps détourné de ses travaux, soit parce* « *qu'il paierait plus chèrement l'hospitalité de la grande ville !* »

Enfin, dans les journaux et les revues de jurisprudence, l'augmentation des frais de justice résultant de l'adoption de la réforme sollicitée y est invariablement présentée comme devant occasionner une dépense très-considérable, et en tout cas très-supérieure aux économies alléguées.

Il nous sera facile de démontrer l'exagération évidente de ces assertions, et si l'on veut examiner avec soin les explications et les tableaux qui vont suivre, on pourra se convaincre du peu d'importance de l'élévation des taxes des jurés et des témoins produite par la centralisation des Cours d'assises aux chefs-lieux des Cours d'appel, et de l'entière exactitude des indications que nous avons fournies, à ce sujet, dans la première partie de ce travail.

Pour préciser quelle serait, en définitive, *et avec le tarif actuel,* le surcroît de dépense occasionné par le service des nouvelles Cours d'assises, il faut nécessairement retrancher du nombre total des affaires soumises chaque année au jury, *toutes celles qui sont actuellement jugées aux chefs-lieux des Cours d'appel et dont, par consé-quent, la somme des frais ne serait pas changée.*

Le nombre de ces affaires était, pour l'année 1869, prise pour base de nos calculs, de 1,593 sur 3,397, et l'augmentation des frais n'aurait ainsi porté, pendant cette année, que sur 1,804 affaires, desquelles on doit encore défalquer celles qui provenaient de l'Alsace et de la Lorraine, ce qui réduit le nombre total, *pour la France actuelle*, à 1,727, et le nombre des témoins dont les taxes seraient modifiées, à 15,543, et non pas 34,000, comme il est dit dans le rapport soumis à la Cour de cassation.

Il ne s'agit donc plus que de rechercher quelle serait la taxe des témoins entendus aux chefs-lieux des Cours d'appel, dans ces 1,727 affaires, et de la comparer à celle qui leur aurait été allouée, s'ils eussent été appelés devant les Cours d'assises siégeant aux chefs-lieux des départements, pour se rendre compte des résultats de la centralisation des Cours d'assises relatifs à l'augmentation plus ou moins considérable des frais de justice criminelle.

Or, le compte général de l'administration de la justice criminelle pendant l'année 1869 nous permet de donner sur ce point des indications d'une exactitude à peu près incontestable, et il nous suffit de savoir que le nombre moyen des témoins entendus est de *quinze* par affaire, dans l'instruction, et de *neuf* seulement, devant la Cour d'assises, et, d'un autre côté, que la moyenne des frais est actuellement de 254 francs pour chaque affaire, pour déterminer la dépense qui serait occasionnée par la centralisation des Cours d'assises, et pouvoir préciser, en même temps, les économies qu'elle ferait réaliser dans le budget de la justice.

Nous croyons être le seul, parmi tous ceux qui se sont occupés de cette question, qui ait cherché à substituer des évaluations reposant sur des bases certaines et faciles à contrôler, aux allégations plus ou moins fantaisistes et conjecturales qui, jusqu'à ce jour, ont été généralement admises sans examen, et nous pouvons affirmer que ce n'est qu'après une étude consciencieuse et de longues et pénibles recherches que nous avons pu fixer à 150,000 francs, au maximum, l'excédant de la taxe des témoins qui seraient exclusivement entendus aux chefs-lieux des Cours d'appel.

Toutefois, comme nous n'avions présenté de résultats complets et en quelque sorte officiels que pour le seul ressort de *Poitiers*, et que, par suite de la situation toute exceptionnelle de deux départements de ce ressort, la moyenne des frais y serait beaucoup plus forte (*Rennes* et *Paris* exceptés) que dans aucun autre, quelques-uns des adversaires de la centralisation des Cours d'assises ont cru trouver dans nos déclarations mêmes, des arguments contraires à l'opinion que nous avions émise, et s'emparant de ce fait, que, dans le ressort de *Poitiers*, l'excédant de dépense serait de 329 francs par affaire, et que, dans quelques-unes d'entre elles, *la taxe des témoins pourrait s'y élever quelquefois à 7 ou 8,000 francs*, ils en ont conclu que le chiffre de 150,000 francs, par nous indiqué, serait considérablement dépassé, et que la dépense nécessitée par l'audition des témoins aux chefs-lieux des Cours d'appel absorberait tout au moins les économies alléguées par les auteurs du projet.

En vain faisions-nous observer que, même en appliquant la moyenne du ressort de *Poitiers* (329 fr.) aux 1,727 affaires qui seraient jugées, en plus, aux chefs-lieux des Cours d'appel, l'excédant de la taxe des témoins ne serait, après tout, que de 568,183 francs, c'est-à-dire d'une somme très-inférieure à celle de *plusieurs millions* que l'on prétendait devoir être nécessaire, mais que l'augmentation des frais de justice serait évidemment moins élevée dans les autres ressorts que dans celui de *Poitiers*, non-seulement parce qu'ils ont (à l'exception de deux) une moindre étendue, mais encore parce que les départements qui les composent sont presque tous *limitrophes* de celui du siége de ces Cours.

Nous ajoutions qu'il n'y a que dix départements qui ne soient pas adjacents à ceux du siége des Cours d'appel dont ils dépendent *, et que, pour *cinquante autres départements*, on pouvait dire avec toute certitude que la centralisation des Cours d'assises n'y occasionnerait pas un surcroît de dépense beaucoup plus important que dans les *Deux-Sèvres* où nous avons démontré que l'excédant serait de 51 francs 97 centimes par affaire, et qu'en définitive l'augmentation des frais de justice ne serait pas, en moyenne, et tout en tenant compte des circonstances les plus défavorables, supérieure à 100 francs par affaire, et à 150,000 francs, en totalité, pour les 1,500 ou 1,800 affaires qui seraient ajoutées aux rôles des Cours d'assises siégeant exclusivement aux chefs-lieux des Cours d'appel.

Quelque puissantes que fussent ces considérations, et bien que le chiffre de 150,000 francs se justifiât par sa vraisemblance même, nous devons avouer qu'il a trouvé de nombreux contradicteurs, qui, cédant au préjugé général, persistent à soutenir que la réforme proposée ne produirait aucune économie sérieuse, et aggraverait au contraire les charges du Trésor dans une assez forte proportion.

Pour lever tous les doutes, nous n'avons pas reculé devant le travail très-considérable de faire pour toute la France les calculs que nous avions faits pour le seul ressort de Poitiers, et les tableaux ci-après apporteront encore la preuve de la complète exactitude de nos affirmations.

Ainsi que nous l'avons dit plus haut, le compte général de l'administration de la justice criminelle établit que le nombre moyen des témoins entendus est de 15, par affaire, dans l'instruction, et *de 9 devant* la Cour d'assises, et que la moyenne des frais est pour chaque affaire de 254 francs, *y compris les témoins entendus dans l'instruction*. (Voir Stat. crim. de 1869, page 292.)

Nous avons donc pu, à l'aide de ces indications dont on ne saurait contester l'authenticité et qui émanent de la chancellerie elle-même, déterminer avec une rigoureuse exactitude les effets de la centralisation des Cours d'assises relatifs à l'aug-

---

* *Il faut ajouter aux 9 départements que nous avons indiqués dans la première partie de ce travail, celui d'Indre-et-Loire, séparé par le département de Loir-et-Cher du chef-lieu du siége de la Cour d'Orléans.*

mentation des frais de justice criminelle, et nous croyons être parvenu à rendre désormais, sur ce point, toute contradiction à peu près impossible.

Le titre placé en tête de chacune des colonnes des tableaux qui vont suivre permet de se rendre facilement compte des chiffres et des résultats qui y sont mentionnés, et il ne nous reste plus qu'à donner quelques explications sur les opérations que nous avons dû faire pour arriver à pouvoir déterminer la moyenne des taxes des témoins et des jurés telles que nous les avons indiquées.

En ce qui concerne les témoins, nous avons, tout d'abord, choisi, dans chaque département, trois localités : *l'une parmi les plus éloignées ; l'autre parmi les plus rapprochées , et la troisième prise à une distance intermédiaire du siége de la Cour d'appel de leur ressort,* et nous avons ensuite mesuré avec soin, sur la carte officielle des postes de *Saganzan,* la distance qui les séparait de ce siége, et comme le nombre des témoins entendus devant les Cours d'assises est de 9 par affaire , il nous a suffi de calculer, *avec le tarif actuel,* la taxe de trois témoins supposés domiciliés dans chacune des localités que nous avons indiquées à la 3me colonne de notre tableau , pour établir, dans chaque affaire , la moyenne aussi exacte que possible des frais occasionnés par l'audition des témoins, aux chefs-lieux des Cours d'appel.

Nous avons ensuite multiplié le résultat que nous avons obtenu par le nombre d'affaires qui ont été déférées au jury, en 1869, dans chacun des départements que nous avons également indiqués , et, comme la dépense moyenne des taxes des témoins entendus devant les Cours d'assises et dans l'*instruction* est de 254 francs par affaire, il n'y a plus qu'à comparer les deux totaux que nous avons placés à côté l'un de l'autre (colonnes 8 et 9) pour savoir quelle serait, l'augmentation des frais de justice criminelle devant résulter de la centralisation des Cours d'assises.

Le tarif du 7 avril 1813 alloue aux témoins 3 francs par myriamètre parcouru (*aller et retour compris*) ; il est par conséquent facile de vérifier nos calculs et de pouvoir en contrôler l'exactitude.

Nous devons faire observer, en outre, que la somme de 478,723 fr. 20 centimes portée à la fin de la 8e colonne de notre 3e tableau se réfère *exclusivement* aux taxes des témoins qui auraient été appelés à déposer devant les Cours d'assises siégeant aux chefs-lieux des Cours d'appel, et qu'il faut nécessairement y ajouter le montant de la taxe des témoins entendus dans l'instruction pour savoir quelle serait la dépense totale relative à l'audition des témoins dans chaque affaire.

Le compte général de l'administration de la justice criminelle ne fournissant aucune indication spéciale aux taxes des témoins entendus dans l'instruction, nous avons dû, pour en établir une moyenne exacte, faire le relevé de celles qui figurent dans les dossiers de toutes les affaires soumises au jury de la *Vienne* de 1860 à 1870 (au nombre de 286), et la moyenne que nous avons trouvée est de 27 francs pour chaque affaire, chiffre qui doit être, à très-peu de chose près, le même pour toute la France.

On ne doit pas oublier en effet que le nombre des témoins entendus dans l'instruc tion est *de 15 seulement* par affaire, et que la taxe de l'immense majorité d'entre eux n'est, en vertu de l'art. 27 du règlement du 18 juin 1811, que de 1 franc pour les hommes et 75 centimes pour les femmes et les enfants, et qu'il arrive fréquemment que beaucoup de témoins ne requièrent aucune taxe.

Nous ne pensons donc pas que la moyenne de 27 francs que nous venons d'indi- quer puisse être sérieusement contestée, et en l'appliquant aux 1,727 affaires qui seraient déférées en plus aux Cours d'assises siégeant aux chefs-lieux des Cours d'appel, on voit qu'il faut ajouter encore à la somme de 478,723 fr. 20 centimes, celle de 48,629 francs, ce qui porte en définitive à 88,694 *francs seulement*, pour les taxes des témoins, l'excédant de dépense devant résulter de l'adoption du projet de MM. Bot- tieau et Boreau-Lajanadie.

Enfin nous avons indiqué dans un 4me et dernier tableau quels seraient les résultats de la centralisation des Cours d'assises relatifs à l'élévation des taxes des jurés, que nous avons calculées, conformément aux prescriptions du tarif du 18 juin 1811, à rai- son de 5 francs par myriamètre parcouru (aller et retour compris); il sera donc encore très-facile de vérifier nos calculs et de pouvoir en contrôler l'exactitude.

3ᵉ TABLEAU

indiquant la moyenne des taxes allouées aux témoins appelés devant les Cours d'assises siégeant exclusivement aux chefs-lieux des Cours d'appel.

DÉSIGNATION des RESSORTS.	DÉPARTEMENTS.	DÉSIGNATION des localités prises pour établir la moyenne de la taxe des témoins appelés devant les Cours d'assises siégeant aux chefs-lieux des Cours d'appel.	Indication des distances entre les localités désignées ci-contre et les chefs-lieux des Cours d'appel.	Taxes allouées par le tarif actuel à trois témoins domiciliés dans localités localité.	Total par affaire des taxes allouées aux témoins entendus aux chefs-lieux des Cours d'appel.	Nombre des affaires soumises au jury en 1869 dans les départements désignés ci-contre.	Total général par département des taxes des témoins appelés devant les Cours d'assises siégeant aux chefs-lieux des Cours d'appel.	Total général par département des taxes des témoins appelés devant les Cours d'assises siégeant aux chefs-lieux des départements.	Différence en plus par département.	Différence en moins par département.
1	2	3	4	5	6	7	8	9	10	11
Agen.	Lot.	Bretenoux. Lauzes. Montenq.	m. k. 12 9 6	108 84 54	243	12	2916	3048	»	132
	Gers.	Lombez. Auch. Ligarde.	10 7 2	90 63 18	171	33	5643	8382	»	2739
	A REPORTER.		46	414	414	45	8559	11430	»	2871

DÉSIGNATION des RESSORTS.	DÉPARTEMENTS.	DÉSIGNATION des localités prises pour établir la moyenne de la taxe des témoins appelés devant les Cours d'assises siégeant aux chefs-lieux des Cours d'appel.	Indication des distances entre les localités désignées ci-contre et les chefs-lieux des Cours d'appel.	Taxes allouées par le tarif actuel à trois témoins domiciliés dans lesdites localités.	Total par affaire des taxes allouées aux témoins entendus aux chefs-lieux des Cours d'appel.	Nombre des affaires soumises au jury en 1869 dans les départements désignés ci-contre.	Total général par département des taxes des témoins appelés devant les Cours d'assises siégeant aux chefs-lieux des Cours d'appel.	Total général par département des taxes des témoins appelés devant les Cours d'assises siégeant aux chefs-lieux des départements.	Différence en plus par département.	Différence en moins par département.
1	2	3	4	5	6	7	8	9	10	11
			m. k.							
		REPORTS. . . .	46	444	444	45	8559	11430	»	2871
	Basses-Alpes.	Barcelonnette.	16	144						
		Digne.	12	108	306	16	4896	4064	832	»
		Gréoux.	6	54						
Aix.	Alpes-Marit.	Menton.	21	189						
		Nice.	19	471	504	34	17436	8636	8500	»
		Cannes.	16	144						
	Var.	Fréjus.	12 6	113 40						
		Brignoles.	5 7	51 30	205 20	35	7182	8890	»	1708
		St-Maximin.	4 5	40 50						
Amiens.	Aisne.	Château-Thierry.	15	135						
		Laon.	12	108	349 50	55	17572 50	13970	3602 50	»
		St-Quentin.	8 5	76 50						
	Oise.	Betz.	12	108						
		Compiègne.	7	63	499 80	66	13486 80	16764	»	3577 20
		Breteuil-s.-Noye.	3 2	28 80						
Angers.	Mayenne.	Gorron.	12	108						
		Laval.	7 5	67 50	246 »	47	3672	4318	»	646
		Château-Gontier.	4 5	40 50						
	Sarthe.	Mamers.	12	108						
		Le Mans.	6 8	61 20	198 90	27	5370 30	6858	»	1487 70
		La Flèche.	3 3	29 70						
Bastia.	Corse.	»	»	»	»	»	»	»	»	»
	Jura.	Les Bouchoux.	12	108						
		Clairvaux.	9	84	229 50	35	7932 50	8890	»	957 50
		Arbois.	4 5	40 50						
	Haute-Saône et Belfort.	Belfort.	9	84						
		Vesoul.	4 7	42 30	435	18	2430	4572	»	2142
		Voray-sur-l'Oignon.	1 3	11 70						
Bordeaux.	Charente.	Ruffec.	16	144						
		Angoulême.	12	108	306	51	15606	12954	2652	»
		La Roche-Chalais.	6	54						
	Dordogne.	Lanouaille.	16	144						
		Périgueux.	12	108	345	44	12915	10414	2501	»
		Mompont.	7	63						
		A REPORTER. . .	372 01	3348 90	3348 90	440	116458 10	111760	18087 50	13389 40

DÉSIGNATION des RESSORTS.	DÉPARTEMENTS.	DÉSIGNATION des localités prises pour établir la moyenne de la taxe des témoins appelés devant les Cours d'assises siégeant aux chefs-lieux des Cours d'appel.	Indication des distances entre les localités désignées ci-contre et les chefs-lieux des Cours d'appel.	Taxes allouées par le tarif actuel à trois témoins domiciliés dans lesdites localités.	Total par affaire des taxes allouées aux témoins désignés ci-contre chefs-lieux des Cours d'appel.	Nombre des affaires soumises au jury en 1869 dans les départements désignés ci-contre.	Total général par département des taxes des témoins appelés devant les Cours d'assises siégeant aux chefs-lieux des Cours d'appel.	Total général par département des taxes des témoins appelés devant les Cours d'assises siégeant aux chefs-lieux des départements.	Différence en plus par département.	Différence en moins par département.
1	2	3	4	5	6	7	8	9	10	11
		REPORTS.	m. k. 372 4	3348 90	3348 00	440	116458 10	111760	18087 50	43389 40
Bourges.	Indre.	Le Blanc.	12	108						
		Châteauroux.	7	63	208 80	10	2088	2340	»	452
		Issoudun.	4 2	37 80						
	Nièvre.	Monsauché.	15	135						
		Saint-Revérien.	11	99	297	8	2376	2032	344	»
		Nevers.	7	63						
Caen.	Manche.	Cherbourg.	12	108						
		Carentan.	7 5	67 50	234	40	9360	10160	»	800
		Saint-Lô.	6 5	58 50						
	Orne.	Berdhuis.	15	135						
		Moulins-la-Marche.	11	99	281 70	32	9014 40	8128	886 40	»
		Trun.	5 3	47 70						
Chambéry.	Haute-Savoie.	Evian.	13 5	121 50						
		Bonneville.	9	81	247 30	14	3465	3 6	»	91
		Annecy.	5	45						
Dijon.	Haute-Marne.	Saint-Dizier.	16 5	148 50						
		Chaumont.	10	90	283 50	45	12757 50	11430	1327 50	»
		Pranthoy.	5	45						
	Saône-et-Loire.	Marcigny.	15	135						
		Génélard.	10 3	92 70	272 70	51	13907 70	12954	953 70	»
		Chagny.	5	45						
Douai.	Pas-de-Calais.	Boulogne.	12 5	112 50						
		Saint-Pol.	5	45	166 50	26	4329	6604	»	2275
		Vitry-en-Artois.	1	9						
Grenoble	Hautes-Alpes.	Ribiers.	13	117						
		Gap.	9	81	243	8	1944	2032	»	88
		Saint-Firmin.	5	45						
	Drôme.	Pierrelatte.	14	126						
		Crest.	8 5	76 50	243	18	4374	4572	»	198
		La Chapelle-en-Vercors.	4 3	40 50						
Limoges.	Corrèze.	Mercœur.	13	117						
		Tulle.	8 9	80 10	234	14	3276	3556	»	280
		Masseret.	4 4	36 90						
	Creuse.	Boussac.	12	108						
		Ahun.	9	81	234	16	3744	4064	»	320
		Bourganeuf.	5	45						
		A REPORTER.	699 4	6204 60	6294 60	722	187093 70	183388	21599 40	47893 40

3

DÉSIGNATION des RESSORTS.	DÉPARTEMENTS.	DÉSIGNATION des localités prises pour établir la moyenne de la taxe des témoins appelés devant les Cours , d'assises siégeant aux chefs-lieux des Cours d'appel.	Indication des distances entre les localités désignées ci-contre et les chefs-lieux des Cours d'appel.	Taxes allouées par le tarif actuel à trois témoins domiciliés dans lesdites localités.	Total par affaire des taxes allouées aux témoins entendus aux chefs-lieux des Cours d'appel.	Nombre des affaires soumises au jury en 1909 dans les départements désignés ci-contre.	Total général par département des taxes des témoins appelés devant les Cours d'assises siégeant aux chefs-lieux des Cours d'appel.	Total général par département des taxe des témoins appelés devant les Cours d'assises siégeant aux chefs-lieux des départements.	Différence en plus par département.	Différence en moins par département.
1	2	3	4	5	6	7	8	9	10	11
			m. k.							
		REPORTS. . . .	699 '4	6294 60	6294 60	722	187093 70	183388	24599 10	17893 40
Lyon.	Ain.	Gex.	14	126						
		Nantua.	9	81	216	20	4320	5080	»	760
		Miribel.	1	9						
	Loire.	La Pacaudière.	10	90						
		Feurs.	6	54	480	35	6300	8890	»	2590
		Rive-de-Gier.	4	36						
—	Aude.	Espezel.	21	189						
		Davejan.	15	135	405	42	4860	3048	1812	»
		Narbonne.	9	81						
Montpellier.	Aveyron.	Mur-de-Barrez.	20	180						
		Rodez.	15	135	387	23	8901	5842	3059	»
		Cornus.	8	72						
	Pyrenées-Or.	Latour de Carol-Davia.	24	216						
		Prades.	18	162	504 30	45	7519 50	3810	3709 50	×
		Salces.	13 7	123 30						
—	Ardennes.	Rocroy.	21	189						
		Rethel.	16	144	423	25	10575	6350	4225	»
		Apremont.	10	90						
Nancy.	Meuse.	Stenay.	14	126						
		Verdun.	9	81	261	24	5481	5334	147	»
		Saint-Mihiel.	6	54						
	Vosges.	Le Tillot.	12	108						
		Remiremont.	9	81	225	32	7200	8128	»	928
		Charmes-sur-Moselle.	4	36						
—	Ardèche.	Andance.	19	171						
		Privas.	12	108	354	19	6669	4826	1843	»
		Vallon.	8	72						
Nîmes.	Lozère.	Malzieu (ville).	17	153						
		Mende.	12	108	333	21	6993	5334	1659	»
		Saint-Germain-de-Calberte.	8	72						
	Vaucluse.	Mirabeau.	13	147						
		Lauris.	9	81	243	23	5589	5842	»	253
		Avignon.	5	45						
—	—	A REPORTER. . .	1094 4	9819 90	9819 90	968	264504 20	245872	38053 60	22424 40

DÉSIGNATION des RESSORTS.	DÉPARTEMENTS.	DÉSIGNATION des localités prises pour établir la moyenne de la taxe des témoins appelés devant les Cours d'assises siégeant aux chefs-lieux des Cours d'appel.	Indication des distances entre les localités désignées ci-contre et les chefs-lieux des Cours d'appel.	Taxes allouées par le tarif actuel à trois témoins domiciliés dans lesdites localités.	Total par affaire des taxes allouées aux témoins enlcndus aux chefs-lieux des Cours d'appel.	Nombre des affaires soumises au jury en 1802 dans les départements désignés ci-contre.	Total général par département des taxes des témoins appelés devant les Cours d'assises siégeant aux chefs-lieux des Cours d'appel.	Total général par département des taxes des témoins appelés devant les Cours d'assises siégeant aux chefs-lieux des départements.	Différence en plus par département.	Différence en moins par département.
1	2	3	4	5	6	7	8	9	10	11
		REPORTS. . . .	1094 4	9819 90	9819 90	968	261501 20	243872	38053 60	22424 40
Orléans.	Indre-et-Loire	Chinon. , Tours. Limeray.	18 13 9	162 117 81	360	28	10080	7112	2968	»
	Loir-et-Cher.	Onzain. Blois. Beaugency.	8 6 2 5	72 54 22 30	148 50	32	4752	8128	»	3376
Paris.	Seine-et-Oise.	Angerville. Linas. Versailles.	8 4 1 6	72 36 14 40	122 40	55	6732	13970	»	7238
	Eure-et-Loir.	Châteaudun. Chartres. Epernon.	14 9 5	126 81 45	252	26	6552	6604	»	52
	Marne.	Reims. Châlons. Sommesous.	12 5 8 5	112 50 72 45	229 50	44	10098	11176	»	1078
Cour d'assises siégeant à Troyes.	Seine-&-Marne	Meaux. Melun. Provins.	14 12 8	126 108 72	306	44	12546	10414	2132	»
	Yonne.	Saint-Farjeau. Auxerre. Saint-Florentin.	13 9 4 7	117 81 42 30	240 30	18	4325 40	4572	»	246 60
Pau.	Landes.	Parentis-en-Born. Arjuzanx. Peyrehorade.	15 10 7	135 90 63	288	10	2880	2540	340	»
	Hautes-Pyrén.	Arreau. Bagnères-de-Bigor. Tarbes.	9 6 4	81 54 36	171	15	2565	3810	»	1245
Poitiers.	Charente-Inf.	Montguyon. Saintes. Aulnay.	17 4 12 9 8 5	156 60 116 40 76 50	349 20	62	21650 40	15748	5902 40	»
	Deux-Sèvres.	Châtillon-s.-Sèvre. Saint-Maixent. Thénezay.	10 2 4 9 3 3	91 80 44 10 29 70	165 60	17	2815 20	4318	»	1502 80
	Vendée.	Noirmoutiers. La Roche-sur-Yon. Maillezais.	22 6 14 9 9 5	203 40 134 40 85 50	423	27	11421	6858	4563	»
		A REPORTER. . .	1430 6	12875 40	12875 40	1343	357918 20	344122	53959	» 37162 80

DÉSIGNATION des RESSORTS.	DÉPARTEMENTS.	DÉSIGNATION des localités prises pour établir la moyenne de la taxe des témoins appelés devant les Cours d'assises siégeant aux chefs-lieux des Cours d'appel.	Indication des distances entre les localités désignées ci-contre et les chefs-lieux des Cours d'appel.	Taxes allouées par le tarif actuel à trois témoins domiciliés dans lesdites localités.	Total par affaire des taxes allouées aux témoins entendus aux chefs-lieux des Cours d'appel.	Nombre des affaires soumises au jury en 1869 dans les départements désignés ci-contre.	Total général par département des témoins appelés devant les Cours d'assises siégeant aux chefs-lieux des Cours d'appel.	Total général par département des taxes des témoins appelés devant les Cours d'assises siégeant aux chefs-lieux des départements.	Différence en plus par département.	Différence en moins par département.
1	2	3.	4	5	6	7	8	9	10	11
			m. k.							
		REPORTS. .	1430 6	12875 40	12875 40	1343	357948 20	344122	53959	» 37462 80
	Côtes-du-Nord	Lannion.	48 .	162						
		Quintin.	12	108	306	50	45300	12700	2600	»
		St-Jouan-de-Lisse.	4	36						
	Finistère.	Le Conquet.	28 .	252						
		Huelgoat.	20	180	585	75	43875	19050	24825	»
Rennes.		Carhaix.	17	153						
	Loire-Infér.	Légé.	15 5	139 50						
		Nort.	8 2	73 80	261	64	16704	16256	448	»
		Derval.	5 3	47 70						
	Morbihan.	Gourin.	17	153						
		Pontivy.	11	99	304 50	38	11457	9652	1805	»
		Mauron.	5 5	49 50						
	Allier.	Lurcy-Levy.	12	108						
		Montluçon.	7	63	193 50	23	4250 50	5842	»	1591 50
		Gannat.	2 5	22 50						
Riom.	Cantal.	Maurs.	17	153						
		Vic-sur-Cère.	12	108	342	14	4788	3556	1232	»
		Massiac.	9	81						
	Haute-Loire.	Pradelles.	16	144						
		Le Puy.	12	108	324	22	7128	5588	1540	»
		Brioude.	8	72						
Rouen.	Eure.	Nonancourt.	9	81						
		Evreux.	6	54	153	55	8415	13970	»	5555
		Pont-de-Larche.	2	48						
	Ariége.	Lhospitalet.	14	126						
		Foix	9	81	252	6	1512	1524	»	12
		Saverdun.	5	45						
Toulouse.	Tarn.	Lacaune.	12	108						
		Castres.	7	63	207	16	3312	4064	»	752
		Lavaur.	4	36						
	Tarn-et-Gar.	Montaigu-de-Quercy.	11	99						
		Moissac.	7	63	193 50	21	4063 50	5334	»	1270 50
		Grisolles.	3 5	31 50						
			1777 4	15903 90	15903 90	1727	478723 20	438658	86409	» 46343 80

A ajouter pour les taxes des témoins entendus dans l'instruction. . . 48629

TOTAL 527352 20

A défalquer le montant des taxes actuelles des témoins entendus à la Cour d'assises et dans l'instruction. . . 438658

Différence en plus. . . . 88694 20

4ᵉ TABLEAU

indiquant la moyenne des taxes des Jurés des Cours d'assises siégeant
exclusivement aux chefs-lieux des Cours d'appel.

DÉSIGNATION des RESSORTS.	DÉPARTEMENTS	DÉSIGNATION des localités prises pour établir la moyenne des taxes des jurés appelés devant les Cours d'assises siégeant aux chefs-lieux des Cours d'appel.	Indication des distances entre les localités désignées ci-contre et les chefs-lieux des Cours d'appel. (m. k.)	Nombre des jurés pris dans les départements autres que celui où se trouve le siège de la Cour d'appel.	Taxes allouées en vertu du tarif actuel du 18 juin 1811, aux jurés dont le nombre est mentionné ci-contre.	Total des taxes allouées par département et pour chaque session aux jurés pris dans les départements autres que celui où se trouve le siège de la Cour d'appel.	Nombre des jurés pris dans le département où se trouve le siège de la Cour d'appel.	Taxes allouées en vertu du tarif actuel du 18 juin 1811, aux jurés pris dans le département où se trouve le siége de la Cour d'appel.	Total général par session des taxes allouées aux jurés siégeant exclusivement aux chefs-lieux des Cours d'appel.
1	2	3	4	5	6	7	8	9	10
Agen.	Lot.	Bretenoux.	12	4	240 »				
		Lauzes.	9	4	180 »	540 »			
		Montenq.	6	4	120 »		12	204	1124
	Gers.	Lombez.	10	4	200 »				
		Auch.	7	4	140 »	380 »			
		Ligarde.	2	4	40 »				
Aix.	Basses-Alpes.	Barcelonnette.	16	3	240 »				
		Digne.	12	3	180 »	540 »			
		Gréoux.	6	3	90 »				
	Alpes-Marit.	Menton.	21	3	345 »				
		Nice.	19	3	285 »	840 »	9	453	1815
		Cannes.	16	3	240 »				
	Var.	Fréjus.	12 6	3	189 »				
		Brignolles.	5 7	3	85 50	342 »			
		St-Maximin.	4 5	3	67 50				
Amiens.	Aisne.	Château-Thierry.	15	4	300 »				
		Laon.	12	4	240 »	710 »			
		Saint-Quentin.	8 5	4	170		12	204	1358
	Oise.	Betz.	12	4	240 »				
		Compiègne.	7	4	140 »	444 »			
		Breteuil-sur-Noye.	3 2	4	64 »				
Angers.	Mayenne.	Gorron.	12	4	240 »				
		Laval.	7 5	4	150 »	480 »			
		Château-Gontier.	4 5	4	90 »		12	204	1126
	Sarthe.	Mamers.	12	4	240 »				
		Le Mans.	6 8	4	136 »	442 »			
		La Flèche.	3 3	4	66 »				
Bastia.	Corse.	»	»	»	»	»	36	612	612
Besançon.	Jura.	Les Bouchoux.	12	4	240 »				
		Clairvaux.	9	4	180 »	510 »			
		Arbois.	4 5	4	90 »		12	204	1011
	Haute-Saône et Belfort.	Belfort.	9	4	180 »				
		Vesoul.	4 7	4	94 »	300 »			
		Voray-sur-Loignon	4 3	4	26 »				
—	—	A REPORTER.	303 4	123	5498 »	5498 »	93	1581	7079

DÉSIGNATION des RESSORTS.	DÉPARTEMENTS	DÉSIGNATION des localités prises pour établir la moyenne des taxes des jurés appelés devant les Cours d'assises siégeant aux chefs-lieux des Cours d'appel.	Indication des distances entre les localités désignées ci-contre et les chefs-lieux des Cours d'appel.	Nombre des jurés pris dans les départements autres que celui où se trouve le siège de la Cour d'appel.	Taxes allouées en vertu du tarif actuel du 18 juin 1811, aux jurés dont le nombre est mentionné ci-contre.	Total des taxes allouées par département, et pour chaque session aux jurés pris dans les départements autres que celui où se trouve le siège de la Cour d'appel.	Nombre des jurés pris dans le département où se trouve le siège de la Cour d'appel.	Taxes allouées en vertu du tarif actuel du 18 juin 1811, aux jurés pris dans le département où se trouve le siège de la Cour d'appel.	Total général par session des taxes allouées aux jurés siégeant exclusivement aux chefs-lieux des Cours d'appel.
1	2	3	4	5	6	7	8	9	10
			m. k.						
		REPORTS. . . .	303 4	423	5408 »	5408 »	93	1581	7079
Bordeaux.	Charente.	Ruffec.	16 4		320 »				
		Angoulême.	12 4		240 »	680 »			
		La Roche-Chalais.	6 4		120 »				
	Dordogne.	Lanouaille.	16 4		320 »		12	204	1584
		Périgueux.	12 4		240 »	700 »			
		Monpont.	7 4		140 »				
Bourges.	Indre.	Le Blanc.	12 4		240 »				
		Châteauroux.	7 4		140 »	464 »			
		Issoudun.	4 20 4		84 »				
	Nièvre.	Monsauché.	15 4		300 »		12	204	1328
		Saint-Révérien.	11 4		220 »	660 »			
		Nevers.	7 4		140 »				
Caen.	Manche.	Cherbourg.	12 4		250 »				
		Carentan.	7 5 4		150 »	520 »			
		Saint-Lô.	6 5 4		130 »				
	Orne.	Berdhuis.	15 4		300 »		12	204	1350
		Moulins-la-Marche.	11 4		220 »	626 »			
		Trun.	5 3 4		106 »				
Chambéry.	Haute-Savoie.	Evian.	13 5	6	405 »		18	306	1431
		Bonneville.	9	6	270 »	825 »			
		Annecy.	5	6	150 »				
Dijon.	Haute-Marne.	Saint-Dizier.	16 5	4	330 »				
		Chaumont.	10	4	200 »	630 »			
		Pranthoy.	5	4	100 »				
	Saône-et-Lre.	Marcigny.	15	4	300 »		12	204	1440
		Générald.	10 3	4	206 »	606 »			
		Chagny.	5	4	100 »				
Douai.	Pas-de-Calais.	Boulogne.	12 5	6	375 »		18	306	861
		St-Pol.	5	6	150 »	555 »			
		Vitry-en-Artois.	1	6	30 »				
Grenoble.	Hautes-Alpes.	Ribiers.	13	4	260 »				
		Gap.	9	4	180 »	540 »			
		Saint-Firmin.	5	4	100 »				
	Drôme.	Pierrelatte.	14	4	280 »		12	204	1284
		Crest.	8 5	4	170 »	540 »			
		La Chapelle-en-Vecrors.	4 5	4	90 »				
		A REPORTER. . .	647 4	279	12844 »	12844 »	189	3213	16057

DÉSIGNATION des RESSORTS.	DÉPARTEMENTS	DÉSIGNATION des localités prises pour établir la moyenne des taxes des jurés appelés devant les Cours d'assises siégeant aux chefs-lieux des Cours d'appel.	Indication des distances entre les localités désignées ci-contre et les chefs-lieux des Cours d'appel.	Nombre des jurés pris dans les départements autres que celui où se trouve le siège de la Cour d'appel.	Taxes allouées en vertu du tarif actuel du 18 juin 1811 au nombre ci-contre.	Total des taxes allouées par département et pour chaque session aux jurés pris dans les départements autres que celui où se trouve le siège de la Cour d'appel.	Nombre des jurés pris dans le département où se trouve le siège de la Cour d'appel.	Taxes allouées en vertu du tarif actuel du 18 juin 1811, aux jurés pris dans le département où se trouve le siège de la Cour d'appel.	Total général par session des taxes allouées exclusivement aux jurés siégeant aux chefs-lieux des Cours d'appel.
1	2	3	4	5	6	7	8	9	10
			m. k.						
		REPORTS...	647 4	279	12844 »	12844 »	189	3243	16057
Limoges.	Corrèze.	Mercœur.	13	4	260 »				
		Tulle.	8 9	4	178 »	520 »			
		Masseret.	4 1	4	82 »		12	204	1244
	Creuse.	Boussac.	12	4	240 »				
		Ahun.	9	4	180 »	520 »			
		Bourganeuf.	5	4	100 »				
Lyon	Ain.	Gex.	14	4	280 »				
		Nantua.	9	4	180 »	480 »			
		Miribel.	1	4	20 »		12	204	1084
	Loire.	La Pacaudière.	10	4	200 »				
		Feurs.	6	4	120 »	400 »			
		Rive-de-Gier.	4	4	80 »				
Montpellier.	Aude.	Espezel.	21	3	345 »				
		Davejan.	15	3	225 »	675 »			
		Narbonne.	9	3	135 »				
	Aveyron.	Mur-de-Barrez.	20	3	300 »				
		Rodez.	15	3	225 »	645 »			
		Cornus.	8	3	120 »		9	453	2308 50
	Pyrénées–Or.	Latour-de-Carol-Davia.	24	3	360 »				
		Prades.	18	3	270 »	835 50			
		Salces.	13 7	3	205 50				
Nancy.	Ardennes.	Rocroy.	21	3	345 »				
		Rethel.	16	3	240 »	705 »			
		Apremont.	10	3	150 »				
	Meuse.	Stenay.	14	3	210 »				
		Verdun.	9	3	135 »	435 »	9	453	1668
		Saint-Mihiel.	6	3	90 »				
	Vosges.	Le Tillot.	12	3	180 »				
		Remiremont.	9	3	135 »	375 »			
		Charmes-sur-Mos.	4	3	60 »				
Nîmes.	Ardèche.	Andance.	19	3	285 »				
		Privas.	12	3	180 »	585 »			
		Vallon.	8	3	120 »				
	Lozère.	Malzieu (ville).	17	3	255 »				
		Mende.	12	3	180 »	555 »	9	453	1698
		St-Germain-de-Cal.	8	3	120 »				
	Vaucluse.	Mirabeau.	13	3	195 »				
		Lauris.	9	3	135 »	405 »			
		Avignon.	5	3	75 »				
		A REPORTER.	1091 4	408	19979 50	19979 50	240	4080	24059 50

DÉSIGNATION des RESSORTS.	DÉPARTEMENTS	DÉSIGNATION des localités prises pour établir la moyenne des taxes des jurés appelés devant les Cours d'assises siégeant aux chefs-lieux des Cours d'appel.	Indication des distances entre les localités désignées ci-contre et les chefs-lieux des Cours d'appel.	Nombre des jurés pris dans les départements autres que celui où se trouve le siège de la Cour d'appel.	Taxes allouées en vertu du tarif actuel du 16 juin 1811, aux jurés dont le nombre est mentionné ci-contre.	Total des taxes allouées par département et pour chaque session aux jurés pris dans les départements autres que celui où se trouve le siège de la Cour d'appel.	Nombre des jurés pris dans le département où se trouve le siège de la Cour d'appel.	Taxes allouées en vertu du tarif actuel du 16 juin 1811, aux jurés pris dans le département où se trouve le siège de la Cour d'appel.	Total général par session des taxes allouées aux jurés siégeant exclusivement aux chefs-lieux des Cours d'appel.
1	2	3	4	5	6	7	8	9	10
		REPORTS....	m. k. 1094 1	408	19079 50	19079 50	240	4080	24059 50
Orléans.	Indre-et-L.¹ʳᵉ	Chinon.	18 4	4	360 »				
		Tours.	13 4	4	260 »	800 »			
		Limeray.	9 4	4	180 »		12	204	1334
	Loir-et-Cher.	Onzain.	8 4	4	160 »				
		Blois.	6 4	4	120 »	330 »			
		Beaugency.	2 5	4.	50 »				
Paris.	Seine-et-Oise.	Angerville.	8 4	4	160 »				
		Linas.	4 4	4	80 »	272 »			
		Versailles.	1 6	4	32 »		12	204	1036
	Eure-et-Loir.	Châteaudun.	14 4	4	280 »				
		Chartres.	9 4	4	180 »	560 »			
		Epernon.	5 4	4	100 »				
Cour d'assises siégeant à Troyes.	Marne.	Reims.	12 5	3	187 50				
		Châlons.	8 3	3	120 »	382 50			
		Sommesous.	5 3	3	75 »				
	Seine-et-M.	Meaux.	14 3	3	210 »				
		Melun.	12 3	3	180 »	510 »	9	453	1446
		Provins.	8 3	3	120 »				
	Yonne.	Saint-Fargeau.	13 3	3	195 »				
		Auxerre.	9 3	3	135 »	400 50			
		Saint-Florentin.	4 7	3	70 50				
Pau.	Landes.	Parentis-en-Born.	15 4	4	300 »				
		Arjuzanx.	10 4	4	200 »	640 »			
		Peyrehorade.	7 4	4	140 »		12	204	1224
	Hautes-Pyr.	Arreau.	9 4	4	180 »				
		Bagnères-de-Big.	6 4	4	120 »	380 »			
		Tarbes.	4 4	4	80 »				
Poitiers.	Charente-Inf.	Montguyon.	17 4	3	261 »				
		Saintes.	12 9	3	193 50	582 »			
		Aulnay.	8 5	3	127 50				
	Deux-Sèvres.	Châtillon-sur-Sèv.	10 2	3	153 »				
		Saint-Maixent.	4 9	3	73 50	276 »	9	453	1716
		Thénezay.	3 3	3	49 50				
	Vendée.	Noirmoutiers.	22 6	3	339 »				
		La Roche-sur-Yon.	14 9	3	223 50	705 »			
		Maillezais.	9 5	3	142 50				
		A REPORTER.	1430 6	534	25817 50	25817 50	294	4998	30815 50

DÉSIGNATION des ressorts.	DÉPARTEMENTS	DÉSIGNATION des localités prises pour établir la moyenne des taxes des jurés appelés devant les Cours d'assises siégeant aux chefs-lieux des Cours d'appel.	Indication des distances entre les localités désignées ci-contre et les chefs-lieux des cours d'appel.	Nombre des jurés pris dans les départements autres que celui où se trouve le siège de la Cour d'appel.	Taxes allouées en vertu du tarif actuel du 18 juin 1811, aux jurés dont le nombre est mentionné ci-contre.	Total des taxes allouées par département et pour chaque session aux jurés pris dans les départements autres que celui où se trouve le siège de la Cour d'appel.	Nombre des jurés pris dans le département où se trouve le siège de la Cour d'appel.	Taxes allouées en vertu du tarif actuel du 18 juin 1811, aux jurés pris dans le département où se trouve le siège de la Cour d'appel.	Total général par session des taxes allouées aux jurés siégeant exclusivement aux chefs-lieux des Cours d'appel.
1	2	3	4	5	6	7	8	9	10
		REPORTS. . . .	m. k. 1430 6	534	25817 50	25817 50	291	4998	30815 50
Rennes.	Côtes-du-Nord	Lannion.	48	2	180 »				
		Quintin.	12	3	180 »	400 »			
		St-Jouan-de-Lisse.	4	2	40 »				
	Finistère.	Le Conquet.	28	2	280 »				
		Huelgoat.	20	3	300 »	750 »	8	136	2007
		Carhaix.	17	2	170 »				
	Loire-Infér.	Légé.	15 5	2	145 »				
		Nort.	8 2	3	123 »	324 »			
		Derval.	5 3	2	53 »				
	Morbihan.	Gourin.	17	2	170 »				
		Pontivy	11	3	165 »	390 »			
		Mauron.	5 5	2	55 »				
Riom.	Allier.	Lurcy-Lévy.	12	3	180 »				
		Montluçon.	7	3	105 »	322 50			
		Gannat.	2 5	3	37 50				
	Cantal.	Maurs.	17	3	255 »				
		Vic-sur-Cère.	12	3	180 »	570 »	9	153	1585 50
		Massiac.	9	3	435 »				
	Haute-Loire.	Pradelles.	16	3	240 »				
		Le Puy.	12	3	180 »	540 »			
		Brioude.	8	3	120 »				
Rouen.	Eure.	Nonancourt.	9	6	270 »				
		Evreux.	6	6	180 »	510 »	18	306	816
		Pont-de-Larche.	2	6	60 »				
Toulouse.	Ariége.	Lhospitalet.	14	3	240 »				
		Foix.	9	3	135 »	420 »			
		Saverdun.	5	3	75 »				
	Tarn.	La Caune.	12	3	180 »				
		Castres.	7	3	105 »	345 »	9	153	1240 50
		Lavaur.	4	3	60 »				
	Tarn-et-Gar.	Montaigut-de-Quercy.	14	3	165 »				
		Moissac.	7	3	105 »	322 50			
		Grisolles.	3 5	3	52 30				
		TOTAUX. . . .	1777 1	634	30708 50	30708 50	338	5746	36464 50

4

La somme de 36,464 francs portée au bas de la dernière colonne du tableau qui précède indique le total des taxes allouées aux jurés de service pour *une seule session*.

En multipliant ce résultat par 8 (nombre des sessions des nouvelles Cours d'assises), on trouve la somme de 291,716 francs.

Dans l'état de choses actuel, le montant des taxes des jurés étant d'environ 208,080 francs par année (soit 17 francs par juré), l'excédant de dépense serait de 83,636 francs, lesquels, ajoutés aux 88,694 francs que coûteraient en plus les témoins, portent *à la somme totale de 172,330 francs l'augmentation des frais de justice criminelle produite par l'élévation des taxes des témoins et des jurés, occasionnée par la centralisation des Cours d'assises aux chefs-lieux des Cours d'appel.*

Nous ferons observer en outre que si l'on réduisait à 24 le nombre des jurés de service, la dépense nécessitée par le jury serait diminuée d'une somme de 97,238 francs, et *l'augmentation des frais relatifs aux témoins et aux jurés ne serait plus que de 75,092 francs.*

La réforme proposée n'aurait donc pas, comme on le croit généralement, pour effet, d'aggraver les charges du Trésor, et quelle que soit la force du préjugé, nous ne pensons pas qu'elle puisse désormais prévaloir contre l'évidence résultant des calculs consciencieux que nous présentons à nos lecteurs, et dont la parfaite concordance avec les indications de la chancellerie vient, ainsi que nous le disions plus haut, rendre sur ce point toute contradiction en quelque sorte impossible.

On ne saurait, non plus, contester sérieusement la certitude de pouvoir, par suite de la centralisation des Cours d'assises, réaliser d'importantes économies dans le budget de la justice, et nous allons démontrer que l'évaluation que nous en avons faite dans la première partie de ce travail est loin d'être exagérée.

Nous retrancherons toutefois de la somme par nous indiquée, celle de 192,500 fr., relative à la suppression de l'emploi de président de la Chambre des mises en accusation, cette mesure ne se rattachant que très-indirectement aux questions diverses soulevées par le projet, et venant d'ailleurs d'être adoptée, en principe, par l'Assemblée; mais nous persistons à soutenir que la suppression d'une Chambre, dans 56 tribunaux de chefs-lieux d'assises, peut avoir lieu sans inconvénient pour le service de la justice, et nous maintenons toutes nos affirmations à ce sujet.

Nous conviendrons volontiers que les affaires inscrites et plaidées sont loin d'être les seules qui retiennent le juge à l'audience, et qu'à côté de ces affaires, il en est un très-grand nombre (dont le rapport à la Cour de cassation contient la longue énumération) qui imposent aux magistrats des tribunaux de première instance un travail relativement considérable et des soins multiples dont il faut tenir compte.

Nous admettons encore que le nombre des affaires n'est pas tout non plus, et que leur importance est également à considérer. « *Telle localité, telle contrée offre « à l'examen du juge des causes, des intérêts graves, compliqués, d'une solution*

« *difficile, et cette nature d'affaires se rencontre plus spécialement dans les chefs-*
« *lieux qui groupent autour d'eux des populations plus nombreuses et plus*
« *actives, etc., etc.* »

Mais nous ferons remarquer, en même temps, que le nombre et l'importance des travaux imposés aux magistrats des tribunaux de première instance, en dehors du service des audiences, se trouve généralement proportionné au nombre des affaires inscrites an rôle, et qu'il suffit de jeter les yeux sur les tableaux XXX à XXXII du compte général de l'administration de la justice civile (année 1869, pages 132 à 157), qui indiquent la composition de chaque tribunal et le relevé de ses travaux en matière civile, commerciale et criminelle, pour se convaincre que, pour la majeure partie des tribunaux des chefs-lieux de département, la 2ᵉ Chambre n'a d'autre raison d'être que de fournir des assesseurs au service des assises, et peut être facilement supprimée sans que la réduction du personnel de ces tribunaux puisse nuire, en quoi que ce soit, à la marche et à la prompte expédition des affaires.

Nous trouvons, en effet, dans ces tableaux, la preuve que parmi les 56 tribunaux pour lesquels la suppression de la 2ᵉ Chambre est proposée, *onze seulement rendent annuellement plus de 250 jugements contradictoires* *.

Ces tribunaux (composés de 7 juges au minimum) sont : *Le Puy* (418), *Tulle* (379), *Rodez* (385), *le Mans* (327), *Angoulême* (320), *Périgueux* (300), *Annecy* (290), *Albi* (284), *Coutances* (264), *Lons-le-Saulnier* (264), *Cahors* (264).

Les mêmes tableaux nous apprennent que parmi les tribunaux de 5ᵉ classe (*composés d'une seule Chambre et de 4 juges*), *neuf* rendent également plus de 250 jugements contradictoires par année.

Ces tribunaux sont : *Bastia* (311), *Libourne* (309), *Roanne* (300), *Besançon* (295), *Villefranche* (*Rhône*) (287), *Tournon* (285), *Brives* (278), *Espalion* (256), *St-Lô* (256).

Enfin nous trouvons encore que trois tribunaux de 6ᵉ classe (*composés d'une Chambre et de 3 juges*) rendent plus de 250 jugements contradictoires par année.

Ces tribunaux sont : *Pontoise* (270), *Thonon* (261), et *Narbonne* (257).

Le tribunal de *Pontoise* a rendu en outre, en 1869, 99 jugements d'avant faire droit, et a connu de 44 ventes judiciaires, 60 procédures d'ordre et de contribution, 1,021 affaires commerciales et 724 affaires correctionnelles.

Le tribunal de *Thonon* a rendu dans la même année 49 jugements d'avant faire

---

* *Le nombre des jugements contradictoires permet d'apprécier plus sûrement l'importance des travaux de chaque Tribunal que le nombre total des affaires soumises à sa juridiction, car plus d'un tiers des affaires se terminent ordinairement par des jugements de défaut-congés, de radiations et de désistements, ne donnant lieu à aucune discussion.*

Plus de la moitié des affaires commerciales ne donnent également lieu à aucune discussion, et nous pourrions citer plusieurs Tribunaux de commerce auxquels 50 audiences suffisent par année pour juger 1.000 affaires (soit 20 affaires en moyenne par audience).

droit, et a connu de 26 ventes judiciaires, 44 procédures d'ordre et de contribution, 395 affaires commerciales et 170 affaires correctionnelles.

Enfin, en 1869, le tribunal de *Narbonne* a rendu en plus de 257 jugements contradictoires, 128 jugements d'avant faire droit, et a connu de 35 ventes judiciaires, 34 procédures d'ordre et de contribution, et de 256 affaires correctionnelles.

Nous pourrions multiplier les exemples, mais les éléments de preuves que nous produisons nous paraissent suffisants pour établir que si dans 70 *tribunaux* de 5ᵉ et 6ᵉ classes et composés de 3 ou 4 juges, *une seule Chambre peut expédier un nombre d'affaires de toute nature, égal ou même supérieur à celui de la plupart des tribunaux des chefs-lieux d'assises, l'inutilité de la 2ᵉ Chambre de ces tribunaux se trouve par cela même démontrée*, et il nous paraît difficile d'admettre que l'on puisse en réclamer le maintien au nom des exigences du service.

Notre affirmation à cet égard sera d'autant plus absolue que, dans les tribunaux de 1ʳᵉ et 2ᵉ classes *situés dans des villes qui groupent autour d'elles des populations plus nombreuses et plus actives*, et où précisément, plus que partout ailleurs, ainsi que le fait remarquer l'éminent rapporteur de la Cour de cassation, *s'offrent à l'examen du juge des causes, des intérêts graves, compliqués et d'une solution difficile*, la multiplicité et l'importance exceptionnelle des affaires portées devant ces tribunaux n'y font pas obstacle à ce que *chacune des chambres civiles qui les composent, en jugent deux ou trois fois plus que n'importe quel tribunal de chef-lieu d'assises, même choisi parmi les plus occupés.*

A *Paris*, les six chambres civiles du tribunal de la *Seine* rendent annuellement 8,641 jugements contradictoires (*soit 1,440 par chambre*) ; à *Lyon* et à *Bordeaux*, *chaque Chambre en rend en moyenne* 571 ; à *Saint-Etienne*, 456 ; à *Grenoble* et à *Marseille*, 300, et, de plus, ces tribunaux sont notoirement surchargés d'une foule d'affaires dont l'expédition a lieu en dehors des audiences, et dont le nombre est très-supérieur (toute proportion gardée) à celui des tribunaux des autres classes.

Or, il n'apparaît pas que, dans les tribunaux de 1ʳᵉ et 2ᵉ classes, les intérêts des plaideurs aient à souffrir d'une précipitation trop grande de la part des magistrats auxquels ils sont confiés, et tout au contraire, il est établi par la statistique que les jugements rendus par les tribunaux chargés d'un très-grand nombre d'affaires son infirmés par les Cours d'appel dans une proportion moindre que celle des tribunaux en quelque sorte inoccupés, ce qui peut s'expliquer facilement par cette considération que les magistrats acquièrent par la connaissance d'un plus grand nombre de procès une sûreté d'appréciation plus grande, et que, dans les tribunaux les plus importants, les affaires sont généralement mieux instruites et mieux plaidées que partout ailleurs.

Quoi qu'il en soit, en présence des indications du compte général de la justice civile, il est certain que la suppression de la 2ᵉ Chambre dans les 56 tribunaux désignés au projet pourrait s'effectuer sans inconvénient d'aucune sorte pour les justiciables ; mais nous avons toutefois démontré que cette suppression ne pourrait avoir lieu qu'autant qu'elle coïnciderait avec la centralisation des Cours d'assises aux chefs-lieux des Cours d'appel, et que l'économie qu'elle produirait doit être considérée comme se rattachant essentiellement à l'adoption de la réforme sollicitée, dont elle serait la conséquence nécessaire.

L'abréviation de la durée de la détention préventive des accusés serait encore la source d'économies d'une certaine importance, car il est de toute évidence que si les accusés ne subissaient, avant leur jugement, qu'un emprisonnement de 45 jours, au lieu de trois mois et plus, la dépense qu'ils nécessitent serait considérablement diminuée, et l'on ne saurait évaluer à moins de 200,000 francs les économies qui pourraient être ainsi réalisées.

Le nombre des accusés a été, en 1869, de 4,189, dont la dépense aurait été diminuée (*à raison de 1 franc 10 centimes par jour et par accusé*) de 207,355 francs 50 c., si la durée de leur détention préventive n'avait été que de six semaines, au lieu de trois mois (moyenne actuelle).

La centralisation des Cours d'assises aux chefs-lieux des Cours d'appel ferait, en définitive, économiser sur le budget de la justice une somme de près d'un million, dont voici le détail :

1° Suppression d'une Chambre dans 56 tribunaux , — sept cent vingt-trois mille trois cents francs, ci. 723,300

2° Suppression de l'indemnité allouée aux présidents d'assises et des frais de secrétariat de parquet, — cent cinquante mille francs, ci. . 150,000

3° Transformation de 60 maisons de justice en maisons d'arrêt, — soixante mille francs, ci. 60,000

4° Economies résultant de la diminution de la durée de l'emprisonnement préventif des accusés, *au minimum* deux cent mille francs, ci. 200,000

Total. 1,133,300

A défalquer, cent soixante-douze mille trois cent trente francs pour l'augmentation des taxes des témoins et des jurés 172,330

Reste. 960,970

Et cette somme de neuf cent soixante mille neuf cent soixante-dix francs serait elle-même portée à *un million cinquante-huit mille deux cent huit francs*, si le nombre des jurés de service était réduit à 24 jurés titulaires par session.

Ces économies ne seraient pas les seules que l'on pourrait réaliser sur les frais de justice criminelle, et nous avons également démontré dans la première partie de ce travail (pages 17 et suivantes) que les tarifs des 18 juin 1811 et 7 avril 1813, qui règlent encore aujourd'hui les indemnités accordées à toutes les personnes appelées à concourir au service de la justice criminelle, sont évidemment surannés et devraient subir de profondes modifications, afin d'être mis en harmonie avec les besoins actuels des populations et les intérêts du Trésor.

Nous n'ajouterons donc rien aux considérations que nous avons présentées à ce sujet, et qui établissent suffisamment l'urgence et l'indispensabilité de cette réforme. Nous ferons seulement observer que les adversaires de la centralisation des Cours d'assises se hâtent peut-être un peu trop de déclarer que jamais les Compagnies de chemins de fer ne consentiraient à modifier leurs cahiers de charges et à réduire le prix du transport des témoins et des jurés. Ces Compagnies consulteront avant tout leur intérêt, et nous croyons avoir prouvé que la réduction de leurs tarifs dans le sens et dans le but que nous avons indiqués ne pourrait en aucun cas leur occasionner de préjudice, et leur procurerait, au contraire, de nouveaux et considérables avantages. (*Voir* p. 21.)

La réduction des trois quarts ou de moitié du prix du transport des témoins pourrait au surplus être imposée, à l'avenir, aux Compagnies concessionnaires de nouveaux chemins de fer ; mais, alors même qu'aucune Compagnie ne voudrait adhérer à une réduction quelconque de leurs tarifs, *l'écart de près de 50 0/0 que nous avons signalé entre la taxe actuelle des témoins qui voyagent en chemin de fer et la somme qu'ils paient pour leur transport*, ne permet pas de maintenir plus longtemps un état de choses si onéreux pour le Trésor, et il est encore très-évident que la taxe de ces témoins doit être remaniée et réduite aux strictes limites de la dépense que leur voyage aurait occasionnée.

Il faut, sans doute, tenir compte, pour la réforme du tarif, de la situation nouvelle faite aux témoins *par la cherté toujours croissante de la vie matérielle ;* il est de toute nécessité, par exemple, de doubler au moins l'indemnité de 1 franc allouée par journée de séjour, et d'augmenter dans une juste mesure les taxes, qui sont notoirement insuffisantes ; mais, malgré ce surcroît de dépense, la différence entre la taxe des témoins qui voyagent en chemin de fer et le prix de leur transport est si considérable, que, tout en apportant d'équitables modifications à un grand nombre de taxes, on pourrait encore réaliser d'importantes économies, dans les frais de justice criminelle.

IV.

Nous croyons avoir péremptoirement établi que l'abréviation de la détention préventive des accusés, l'atténuation des charges du jury et la possibilité de pouvoir réaliser des économies d'une certaine importance dans le budget de la justice, seraient la conséquence indiscutable de la centralisation des Cours d'assises aux chefs-lieux des Cours d'appel, et il ne nous reste plus, pour compléter l'examen de la proposition de MM. Bottieau et Boreau-Lajanadie, qu'à discuter très-brièvement quelques-unes des objections qu'elle a soulevées, et pour la réfutation desquelles nous craignons d'autant moins d'être soupçonné d'opiniâtreté et de parti-pris, que nous présenterons nous-même et développerons une dernière objection dont l'importance nous paraît si considérable, que, malgré les avantages incontestables du projet, nous devons, dès à présent, déclarer que nous comprenons parfaitement que, dans les circonstances actuelles, on puisse longuement hésiter à en provoquer l'adoption.

Il serait assurément plus que téméraire de notre part d'émettre, pour plusieurs des objections sur lesquelles a porté notre examen le plus attentif, une opinion contraire à celle de la Cour de cassation, si nous ne trouvions dans les chiffres et les documents officiels la justification la plus complète de la sincérité de nos affirmations; mais nous devons toutefois déclarer encore qu'en publiant nos observations sur le projet de centralisation des Cours d'assises, nous n'avons eu d'autre but que d'en indiquer, aussi exactement que possible, *les résultats matériels* au double point de vue du service de la justice et des intérêts du Trésor, et de dégager cette question de l'obscurité dont elle est entourée pour le plus grand nombre, afin de permettre à l'Assemblée nationale de n'avoir plus à s'inspirer, pour la solution qui doit lui être donnée, que *des considérations morales* qui militent pour ou contre la réforme sollicitée.

On lit dans le rapport adressé à la Cour de cassation, « *que le transférement des* « *accusés à de grandes distances nécessitera, pour prévenir les évasions rendues* « *plus faciles sur un long trajet, des précautions et des soins qui se traduiront cer-* « *tainement en dépenses nouvelles, et que, d'un autre côté, l'accumulation au* « *chef-lieu de la Cour de tous les accusés du ressort y rendra nécessaire l'agran-* « *dissement ou la reconstruction des maisons de justice actuellement existantes,* « *tandis que celles que possèdent les chefs-lieux d'assises demeureront sans emploi* ».

A cette double objection, nous répondrons que, depuis la mise en vigueur de la loi du 13 juin 1856, qui a centralisé au chef-lieu du ressort des Cours le jugement des appels correctionnels, un nombre de prévenus bien plus considérable que ne le serait celui des accusés devant être jugés aux nouvelles Cours d'assises, est continuellement transféré de tous les chefs-lieux d'arrondissement de chaque ressort aux chefs-lieux des Cours d'appel, et qu'il n'apparaît pas que, pendant ce long espace de temps, il y ait eu à constater beaucoup d'évasions de la part de ces prévenus, pour lesquels toute tentative aurait, d'ailleurs, d'autant moins de chances de réussir, que leur transport aura généralement lieu en chemin de fer, où la surveillance est rendue plus facile par la célérité même du trajet et par les moyens mis à la disposition des agents de la force publique.

Il n'existe aucune raison de penser qu'il en serait autrement pour les accusés, et nous avons déjà indiqué (pages 21 et 22) que les frais de leur transport se réduiraient à une somme insignifiante.

Les maisons de justice des chefs-lieux des Cours d'appel y ont été établies de manière à pouvoir répondre à toutes les nécessités de leur destination, et sont toutes infiniment plus vastes que celles des autres chefs-lieux d'assises ; et les renseignements particuliers que nous avons recueillis sur ce point nous permettent encore d'affirmer qu'elles pourraient *recevoir en tout temps* un nombre d'accusés triple et même quadruple de ceux qui seraient le plus ordinairement jugés à chaque session, et qui d'après notre deuxième tableau, *ne serait pas supérieur à* 15 *ou* 20 *individus.*

L'objection ne nous semble donc pas fondée, et toute incertitude devrait, au surplus, disparaître devant cette considération que, la centralisation des Cours d'assises devant avoir pour effet de diminuer de moitié, au moins, la durée de la détention préventive des accusés, *et de diminuer ainsi dans une proportion très-considérable le nombre des détenus*, les maisons de justice des chefs-lieux des Cours d'appel n'auraient, dès lors, nul besoin d'être agrandies ou reconstruites, et deviendraient même, pour la plupart, beaucoup plus grandes qu'il ne serait nécessaire.

La réforme du régime pénitentiaire, qui, suivant toute probabilité, substituera le plus souvent l'emprisonnement cellulaire au régime actuel des prisons, apportera, d'ailleurs, très-prochainement, de profondes modifications dans l'organisation des maisons de justice, et nécessitera la reconstruction du plus grand nombre d'entre elles.

La centralisation des Cours d'assises offrirait donc encore cet avantage que les maisons de justice situées aux chefs-lieux des Cours d'appel auraient seules besoin d'être appropriées au service des assises, ce qui rendrait moins dispendieux les nouveaux aménagements que devraient recevoir les prisons de 60 chefs-lieux de département.

On objecte également « *que le personnel actuel des Cours d'appel ne suffirait* « *peut-être pas, dans tous les ressorts, à l'accomplissement de la tâche qui lui serait* « *imposée par la centralisation des Cours d'assises, et l'on fait observer qu'au-* « *jourd'hui, en tenant compte du temps nécessaire pour l'étude préparatoire des* « *affaires et pour les travaux complémentaires qui suivent chaque session, on peut* « *considérer que le service des assises entraîne pour chaque Cour d'appel, en* « *moyenne, et sans parler de la Cour de Paris, la privation complète de l'un de ses* « *conseillers pendant toute l'année, et que, si la mesure proposée se réalisait, un* « *conseiller ne suffirait plus, deux peut-être deviendraient nécessaires. Or,* « *ajoute-t-on, l'expérience de chaque jour démontre déjà que, pendant la tenue*

« *des assises, dans certaines Cours, la composition des Chambres civiles rencontre*
« *parfois des difficultés qui ne manqueraient pas de s'accroître et qui conduiraient*
« *inévitablement à une augmentation de personnel, sinon dans toutes les Cours, au*
« *moins dans quelques-unes ; peut-être en serait-il de même pour les membres du*
« *ministère public.* »

Nous avons déjà démontré (pages 28 et 30) que le personnel actuel des Cours
d'appel serait plus que suffisant pour assurer le service des huit sessions qui seraient
tenues, chaque année, aux chefs-lieux de ces Cours, et il nous paraît être de toute
évidence que la centralisation des Cours d'assises, en occasionnant la suppression de
132 sessions par année, et, par conséquent, de 132 présidents et de 264 assesseurs,
loin d'entraver la réduction du personnel judiciaire, la faciliterait bien plus que le
maintien de l'état de choses actuel.

Le service des assises exige, aujourd'hui, dans chaque Cour dont le ressort comprend 4 départements, et dans lequel 16 sessions sont tenues chaque année, le déplacement, par trimestre, de 3 conseillers, que la présidence des assises éloigne généralement pendant trois semaines du service des audiences civiles ou correctionnelles.
Ce qui donne par année un nombre de 252 jours, auquel il faut ajouter, pour les
assises tenues au chef-lieu du siége, 84 jours pour le président (*à raison de 21 jours
par session*) et 48 jours pour les assesseurs (*à raison de 6 jours par session*), faisant
un total de 384 jours, qui est à peu près le même que celui qui est indiqué dans le
rapport soumis à la Cour de cassation (365 *jours*).

Le régime nouveau créé par la centralisation des Cours d'assises (*en supposant que
chaque session imposât un mois de travail au président*) éloignerait du service des
audiences, dans toutes les Cours d'appel, un de leurs membres pendant 240 *jours*,
auxquels il faut ajouter 144 *jours* pour les assesseurs (*à raison de 9 jours par session*), ce qui donne exactement le même nombre de jours (384) que celui pendant lequel les Cours dont le ressort comprend 4 départements sont, dès à présent, privées du
concours d'un des conseillers attachés à leurs chambres civiles ou correctionnelles.

La centralisation des Cours d'assises n'entraînerait donc, dans toutes les Cours autres que Paris, la privation complète d'un de leurs conseillers que pendant 384 *jours ;*
mais il convient de faire remarquer qu'aujourd'hui même, lors de la tenue des assises
aux chefs-lieux des Cours d'appel dont le ressort comprend 4 départements,
5 *conseillers* se trouvent parfois enlevés en même temps au service de leurs chambres
respectives (3 *pour le service de la Cour d'assises au chef-lieu du siége, et* 2 *pour
le service des autres Cours d'assises qui sont tenues dans le même mois*), tandis que
si toutes les Cours d'assises étaient centralisées aux chefs-lieux des Cours d'appel, il ne
pourrait jamais y avoir *plus de 3 conseillers* éloignés à la fois de leur service habituel,
et la composition des chambres civiles rencontrerait assurément moins de difficultés
qu'aujourd'hui.

5

La moyenne générale du nombre d'affaires soumises aux nouvelles Cours d'assises serait, d'après notre 2ᵉ tableau, *de* 13 par session (Paris excepté); et la moyenne de la durée de chaque session serait de 9 *jours* (3 *jours seulement de plus que celles des sessions actuelles.*)

Il est donc encore très-évident qu'il n'y aurait nul besoin d'augmenter le nombre des membres du Ministère public, car, dès à présent encore, un Procureur et deux substituts suffisent à l'expédition des affaires, même dans les Cours d'assises les plus chargées, et on peut affirmer avec toute certitude que le personnel actuel des parquets des Cours d'appel, *composé de* 5 *magistrats au minimum*, pourrait facilement satisfaire à toutes les exigences du service.

Chacun des avocats généraux et des substituts chargés du service des assises centralisées aux chefs-lieux des Cours d'appel n'aurait à s'occuper que de quatre ou cinq affaires au plus par session, ce qui est certainement loin d'être excessif.

On objecte encore « *qu'au point de vue même d'une bonne justice à tous les de-*
« *grés de la hiérarchie judiciaire, la tenue des assises aux chefs-lieux des départe-*
« *ments a des avantages pratiques incontestables. Cette collaboration trimestrielle*
« *entre les magistrats de la Cour d'appel et ceux des Tribunaux est, en effet, pour*
« *ces derniers, une source d'enseignements utiles, d'exemples profitables et en même*
« *temps un sujet de légitime émulation. Le magistrat supérieur, appelé ainsi à vi-*
« *siter successivement les différents départements du ressort, devient aussi pour*
« *les chefs de la Cour un précieux auxiliaire, lorsqu'il s'agit pour eux d'apprécier*
« *la valeur relative ou les aptitudes spéciales de chacun, et notamment des mem-*
« *bres du ministère public; et l'on a pu remarquer combien de fortunes judiciaires*
« *des plus hautes et des plus honorables pour la magistrature sont sorties de ces*
« *communications si utiles et si fécondes, et l'on ne saurait assurément dédaigner ce*
« *point de vue comme indifférent ou secondaire, car si quelque chose importe à*
« *l'honneur de la justice, c'est que le mérite y soit à sa place et que l'intérêt des*
« *justiciables soit remis au plus digne.* »

Nous sommes loin de vouloir contester l'importance de l'objection qui précède et qui a été présentée avec tant de force et d'autorité par l'éloquent rapporteur de la Cour de cassation, et nous ne saurions méconnaître les avantages résultant, pour le service de la justice, de cette collaboration « *trimestrielle entre les magistrats des* « *Cours d'appel, et ceux des Tribunaux des chefs-lieux d'assises* » ; nous ferons remarquer, toutefois, que 60 *tribunaux, seulement, peuvent profiter de ces communi-cations si utiles et si fécondes*, et que 300 *tribunaux en sont privés;* et tout en admettant la supériorité des services de la plupart des magistrats des Tribunaux des chefs-lieux de département, nous croyons néanmoins devoir faire observer encore que, parmi leurs collègues des Tribunaux d'arrondissement, il s'en trouve un grand nombre d'un mérite réel, et auxquels il ne manque que la fréquence des occasions pour que leur talent puisse se développer et être, par suite, apprécié à sa juste valeur. Or l'état de choses actuel amène ce résultat, que, dans la magistrature, l'avancement se trouve en quelque sorte absorbé par les membres des parquets des Tribunaux des chefs-lieux de département, tandis que dans les Tribunaux d'arrondissement, et principalement pour les magistrats du siége, il est presque nul.

Nous nous bornerons à constater ce fait, sans vouloir en discuter les avantages ou les inconvénients. Mais peut-être trouverait-on que le mode d'appréciation de la valeur relative ou des aptitudes spéciales de chaque magistrat, ne pouvant s'appliquer qu'à un petit nombre d'entre eux, il serait préférable, soit que les chefs des Cours allassent visiter alternativement les Tribunaux de leurs ressorts pour se rendre compte par eux-mêmes de la valeur des magistrats qui les composent, ou bien encore de recourir au mode indiqué par MM. Eyssautier et Laroche de Félines, lesquels proposent la création d'inspecteurs généraux qui auraient pour mission de visiter annuellement les Cours et les Tribunaux, de surveiller l'exécution des lois et des règlements à tous les degrés de l'ordre judiciaire, de fournir des notes spéciales sur le personnel tout entier, et enfin de recommander à l'avancement, concurremment avec les chefs des Cours, les magistrats les plus méritants. Dans presque toutes les administrations de l'Etat, il existe des inspecteurs généraux, dont les travaux contribuent puissamment à l'amélioration des services publics et au maintien de la discipline chez tous les fonctionnaires et à tous les degrés de la hiérarchie; pourquoi n'en serait-il pas de même pour l'administration de la justice?

L'on ne manquera pas, sans doute, de faire remarquer que les parquets des chefs-lieux de département se recrutant généralement parmi les membres les plus distingués des parquets des Tribunaux d'arrondissement, tous ceux qui ont quelque valeur personnelle arrivent successivement à concourir au service des assises, et peuvent bénéficier des avantages qu'il assure à la magistrature. Cette observation est certainement très-juste ; mais il n'en est pas moins vrai que, pour 300 tribunaux de première instance, il n'existe que des moyens beaucoup moins complets de pouvoir apprécier le mérite du plus grand nombre des magistrats du siége dont l'avancement est tout au moins très-ralenti par celui qui est exceptionnellement accordé aux membres du Ministère public.

Nous avons déjà démontré que la durée des sessions des nouvelles Cours d'assises devant être à peu près la même que celle des sessions actuelles (9 *jours au lieu de* 6), les dépenses imposées aux jurés pour leur séjour ne seraient pas sensiblement augmentées.

L'on ne saurait sans doute contester le renchérissement de la vie matérielle ; mais ce renchérissement est général, et s'est étendu à toutes les villes un peu importantes, et particulièrement aux chefs-lieux de département. Les témoins et les jurés ne paieraient donc pas plus chèrement l'hospitalité de la grande ville, siége d'une Cour d'appel, que celle de n'importe quel chef-lieu d'assises actuel. Les prix de toutes choses nécessaires à la vie se sont uniformisés dans toute la France, et on trouve même plus de facilités pour vivre avec économie, pendant quelques jours, dans les grands centres de population que dans les plus petites localités.

Nous pouvons affirmer encore que l'accroissement du préjudice qu'éprouveraient les témoins et les jurés par cela même qu'ayant de plus grandes distances à franchir, ils seraient plus longtemps détournés de leurs travaux, serait à peu près nul. Le réseau des chemins de fer, qui se complète chaque jour, permet déjà aux habitants des ressorts des Cours d'appel de parcourir *en quelques heures* la plus grande partie de la distance qui les sépare des chefs-lieux de ces Cours, et leur déplacement serait beaucoup moins onéreux en temps et en argent pour se rendre d'un point éloigné de 15 ou 20 myriamètres du siège des nouvelles Cours d'assises qu'il ne l'eût été il y a 30 ou 40 ans pour aller d'un arrondissement éloigné de 4 ou 5 myriamètres seulement au chef-lieu du département. La vapeur et l'électricité ont supprimé en quelque sorte la distance, et il faut nécessairement tenir compte des profondes modifications qu'elles ont apportées dans les besoins et les habitudes des populations.

On doit ajouter que 50 départements, sur 60, sont *adjacents* à ceux où sont situés les chefs-lieux des Cours d'appel, et que les distances qu'auraient à parcourir les témoins et les jurés ne seraient pas, le plus souvent, supérieures à 8 ou 10 myriamètres, *dont le trajet exigerait 4 ou 5 heures au plus, et* qu'à l'exception des Hautes et Basses-Alpes et de la Lozère, tous les départements sont pourvus d'une ou plusieurs voies ferrées qui les traversent en tous sens et relient les uns aux autres presque tous les chefs-lieux de département et d'arrondissement.

Nous ferons remarquer en outre que les sièges des Cours d'appel sont presques tous situés aux chefs-lieux des anciennes provinces dont le territoire compose pour la plus grande partie le ressort de ces Cours, et dont les habitants ont ainsi de nombreuses affinités d'origine, de mœurs, de coutumes et d'intérêts. Il n'est donc pas téméraire de soutenir que les jurés pris indistinctement sur tous les points du ressort d'une Cour d'appel peuvent être aussi bien considérés comme étant *les pairs* de l'accusé, dans le sens que l'on attache à cette dénomination, que s'ils appartenaient au département même où l'accusé était domicilié au moment où il a commis le crime qui l'a rendu justiciable de la Cour d'assises.

Nous ne pensons pas, non plus, que l'éloignement des sièges d'assises aurait pour effet d'introduire dans la composition du jury certaines altérations qui en vicieraient le caractère.

Les listes annuelles sont, en exécution de la loi du 21 *novembre* 1872, *arrêtées par les premiers présidents des Cours d'appel,* qui s'opposeraient très-certainement à ce que les commissions chargées de dresser ces listes puissent en éliminer arbitrairement les jurés que de trop longues distances sépareraient des chefs-lieux des Cours d'appel ou que ne favoriserait pas la proximité d'une voie ferrée, et empêcheraient ainsi que les populations urbaines ne prennent dans le jury une importance prédominante, contrairement à l'esprit de l'institution, qui est de réunir et de fondre dans des proportions égales toutes les parties saines et éclairées de la nation.

Enfin nous avons longuement discuté dans la première partie de ce travail les objections relatives « *à l'obligation de ne pas sous'raire l'accusé au jugement de ses juges naturels*, et à *l'exemplarité* » ; et nous ne pouvons que renvoyer nos lecteurs à ce que nous avons écrit à ce sujet. (Voir pages 6, 7, 8 et 9.)

Reste une dernière objection que nous allons exposer, et dont la gravité constitue, à elle seule, le plus sérieux obstacle à l'adoption de la réforme proposée.

Il est impossible de ne pas reconnaître que, pour la plupart des chefs-lieux de département, la suppression de leurs Cours d'assises serait la diminution de leur importance et une atteinte portée à leurs intérêts.

Oui, il est très-vrai qu'aux chefs-lieux de département où ne siége pas la Cour d'appel, l'apparition d'un magistrat supérieur, la réunion d'un grand nombre de jurés et de témoins, la solennité inaccoutumée de l'audience font d'une session d'assises un événement relativement considérable, qui, dans une population plus restreinte et moins distraite que celle des chefs-lieux des Cours d'appel, éveille une curiosité, une émotion plus favorable à l'exemple.

Le séjour des jurés, des témoins et d'une foule d'étrangers qu'attirent les débats des affaires criminelles est pour le commerce de ces villes une source de profits dont il se trouverait inopinément privé ; et le déplacement de plusieurs familles de magistrats, conséquence nécessaire de la suppression de la 2ᵉ Chambre, lui occasionnerait encore un nouveau et incontestable préjudice.

Le service des assises contribue puissamment à retenir, auprès des Tribunaux de département, des avocats dont le concours est fort utile à la préparation des affaires de toute nature, et est une précieuse ressource pour l'administration de la justice locale. Or, il est encore de toute évidence que l'adoption du projet serait, pour le plus grand nombre des barreaux de ces tribunaux, la cause d'un affaiblissement peut-être irre-médiable *.

La centralisation des Cours d'assises apporterait ainsi, tout à la fois, un *préjudice matériel et moral aux chefs-lieux de* 60 *départements ;* et en présence des inconvénients si graves que nous venons de signaler, il faut nécessairement que l'intérêt géné-

---

* Si la centralisation des Cours d'assises avait lieu, il serait de toute de justice de tenir compte aux greffiers des tribunaux de département du préjudice qu'elle leur occasionnerait en leur enlevant une portion assez importante de leur revenu professionnel, et d'équitables compensations devraient nécessairement leur être accordées.

ral, au nom duquel cette réforme est réclamée , soit bien considérable et surtout bien évident pour que l'on puisse songer à modifier une institution qui fonctionne depuis un si grand nombre d'années, est entrée dans les mœurs du pays et y a pris une place que l'on peut dire définitive.

Il s'agit donc, pour la solution qui doit être donnée à cette question, d'examiner si les avantages du projet l'emporteraient sur les inconvénients, et dans ce but nous reproduisons l'énumération, que nous avons déjà donnée, des améliorations qui en seraient la conséquence, et pour la réalité desquelles nous croyons avoir fourni les preuves les plus complètes.

Ces améliorations, que l'on ne saurait sérieusement contester, sont les suivantes :

La durée de l'emprisonnement préventif (résultat MAJEUR de la réforme et se rattachant étroitement au grand principe de la LIBERTÉ INDIVIDUELLE) serait diminuée de moitié *.

Le nombre des jurés de service serait réduit d'un tiers au moins et peut-être même des deux tiers, ce qui permettrait de ne les choisir que parmi les personnes qui offriraient les plus sérieuses garanties à la société et à la justice.

Les économies que l'on pourrait réaliser dans les frais de justice criminelle seraient, avec les tarifs actuels, d'au moins UN MILLION, et avec les modifications que nous avons indiquées pour ces tarifs, elles s'élèveraient à DEUX OU TROIS MIL-LIONS.

Les jurys, pris sur un vaste territoire et dégagés par conséquent de toute idée préconçue, présenteraient une plus grande garantie d'indépendance, de fermeté et d'impartialité que les jurys actuels.

L'action de la justice deviendrait plus rapide et plus sûre. La composition des Cours d'assises serait plus égale et plus éprouvée. La jurisprudence criminelle aurait plus d'unité, et la répression serait plus uniforme ; enfin l'accusation et la défense jouiraient des mêmes garanties de savoir et d'expérience.

Telles sont les considérations que nous a suggérées l'examen de la proposition de MM. Bottieau et Boreau-Lajanadie, et que nous soumettons à la haute appréciation de l'Assemblée nationale.

Nous croyons avoir surabondamment prouvé que la somme des avantages de la centralisation des Cours d'assises est de beaucoup supérieure à celle de ses inconvénients. Toutefois la situation fâcheuse qu'elle ferait à 60 chefs-lieux de département mérite au plus haut point de fixer l'attention du législateur ; et malgré les avantages incontestables que

---

* *Il y a eu en 1869, 956 accusés acquittés, et , par conséquent, réputés innocents, qui ont subi une détention préventive double de celle qui aurait eu lieu si la centralisation des Cours d'assises eut été effectuée à cette époque.*

l'adoption du projet apporterait au service de la juridiction criminelle, nous comprendrions difficilement que l'on introduisît une modification aussi considérable dans l'organisation du jury, sans que l'on pût en même temps offrir aux villes destinées à perdre leurs Cours d'assises des compensations qui atténueraient ou feraient même disparaître le dommage très-réel qui leur serait ainsi occasionné.

Nous croyons, en outre, que les questions, si diverses et si complexes, qui se rattachent à l'organisation judiciaire doivent être étudiées *à la fois et avec ensemble*, si l'on veut que les réformes qui seront décrétées puissent donner entière satisfaction à l'opinion publique et ne froisser aucun intérêt.

Il serait donc peut-être préférable, ainsi que nous l'avons déjà dit, de renvoyer la discussion sur la centralisation des Cours d'assises jusqu'à ce que l'Assemblée ait pu être saisie *d'un projet complet, embrassant la réorganisation judiciaire, non-seulement dans son ensemble, mais encore dans tous ses détails.*

On pourrait à ce moment examiner si la suppression des Tribunaux d'arrondissement, dont l'inutilité est depuis longtemps démontrée, n'offrirait pas une compensation plus que suffisante aux chefs-lieux de département qui cesseraient d'être le siége d'une Cour d'assises, et qui trouveraient dans la nouvelle organisation de leurs Tribunaux et dans la concentration de toutes les affaires judiciaires du département, des avantages très-supérieurs à ceux qui leur auraient été enlevés, et alors le principal obstacle à l'adoption immédiate de la centralisation des Cours d'assises étant disparu, cette réforme pourrait être édictée, au grand avantage de l'humanité et de la justice.

Quoi qu'il en soit, les indications consciencieuses que nous avons présentées avec l'expérience que nous donne une longue pratique de nos fonctions, *sur les résultats matériels* du projet soumis à l'Assemblée, lui permettront d'en apprécier plus facilement les avantages et les inconvénients, et de pouvoir statuer en toute connaissance de cause, sans avoir à redouter d'erreurs ou de méprises, dont les conséquences pourraient être si préjudiciables à l'intérêt public et aux intérêts privés.

Poitiers, le 19 avril 1873.

Poitiers. — Imp. H. Oudin

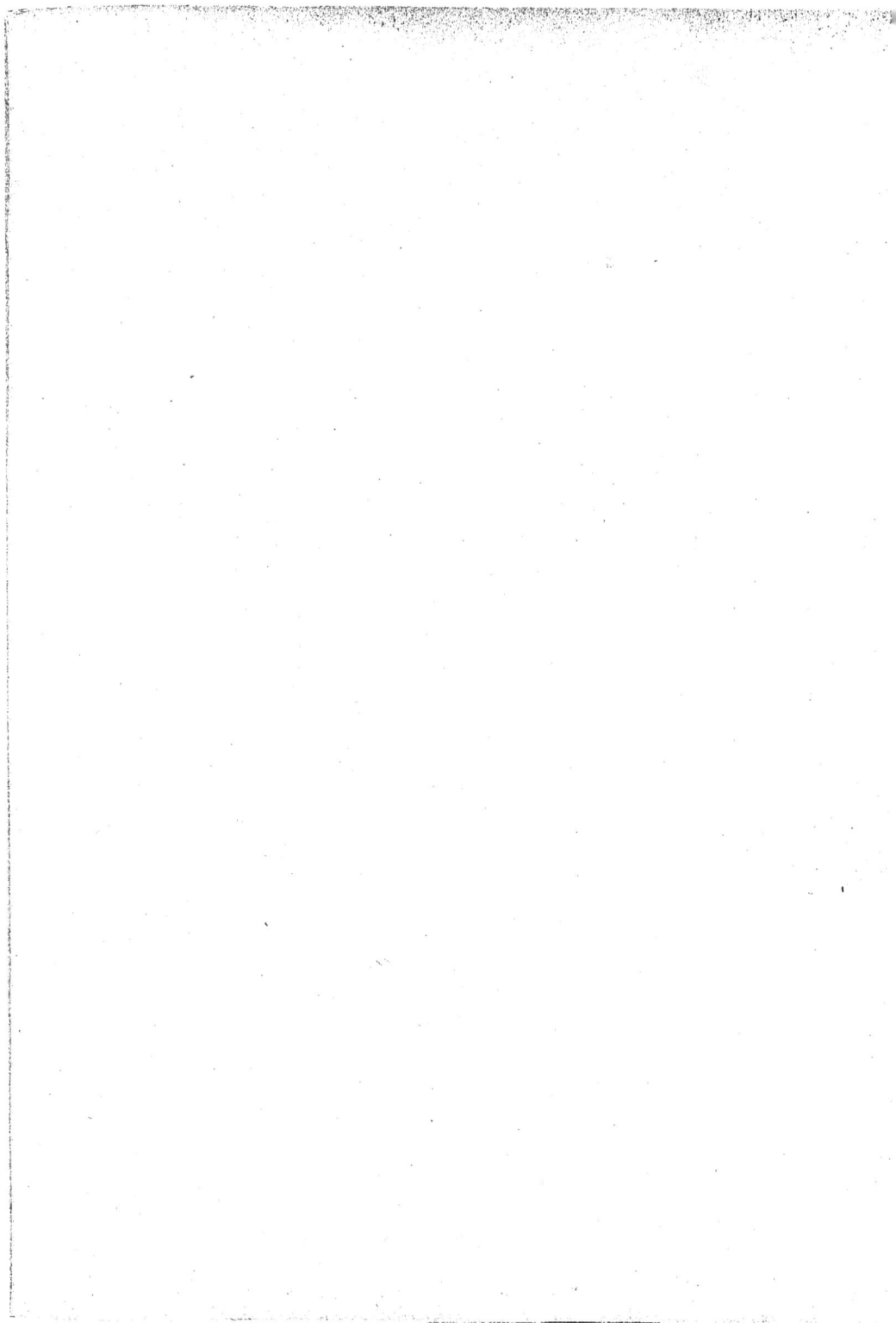

www.ingramcontent.com/pod-product-compliance
Lightning Source LLC
Chambersburg PA
CBHW071242200326
41521CB00009B/1590